Programación y coordinación de actividades de Fitness en una sala de entrenamiento polivalente

Alejandro Pereira Ortega

Sandra Rodríguez Ramos

Programación y coordinación de actividades de *Fitness* en una sala de entrenamiento polivalente
© Alejandro Pereira Ortega
© Sandra Rodríguez Ramos

1ª Edición

© IC Editorial, 2024

Editado por: IC Editorial
c/ Cueva de Viera, 2, Local 3
Centro Negocios CADI
29200 Antequera (Málaga)
Teléfono: 952 70 60 04
Fax: 952 84 55 03
Correo electrónico: iceditorial@iceditorial.com
Internet: www.iceditorial.com

ISBN: 978-84-1184-371-3
Depósito Legal: MA 2209-2024

Impresión: PODiPrint
Impreso en Andalucía – España

Nota de la editorial: IC Editorial pertenece a Innovación y Cualificación S. L.

Presentación del manual

El **Certificado de Profesionalidad** es el instrumento de acreditación, en el ámbito de la Administración laboral, de las cualificaciones profesionales del Catálogo Nacional de Cualificaciones Profesionales adquiridas a través de procesos formativos o del proceso de reconocimiento de la experiencia laboral y de vías no formales de formación.

El elemento mínimo acreditable es la **Unidad de Competencia.** La suma de las acreditaciones de las unidades de competencia conforma la acreditación de la competencia general.

Una **Unidad de Competencia** se define como una agrupación de tareas productivas específica que realiza el profesional. Las diferentes unidades de competencia de un certificado de profesionalidad conforman la **Competencia General,** definiendo el conjunto de conocimientos y capacidades que permiten el ejercicio de una actividad profesional determinada.

Cada **Unidad de Competencia** lleva asociado un **Módulo Formativo,** donde se describe la formación necesaria para adquirir esa **Unidad de Competencia,** pudiendo dividirse en **Unidades Formativas.**

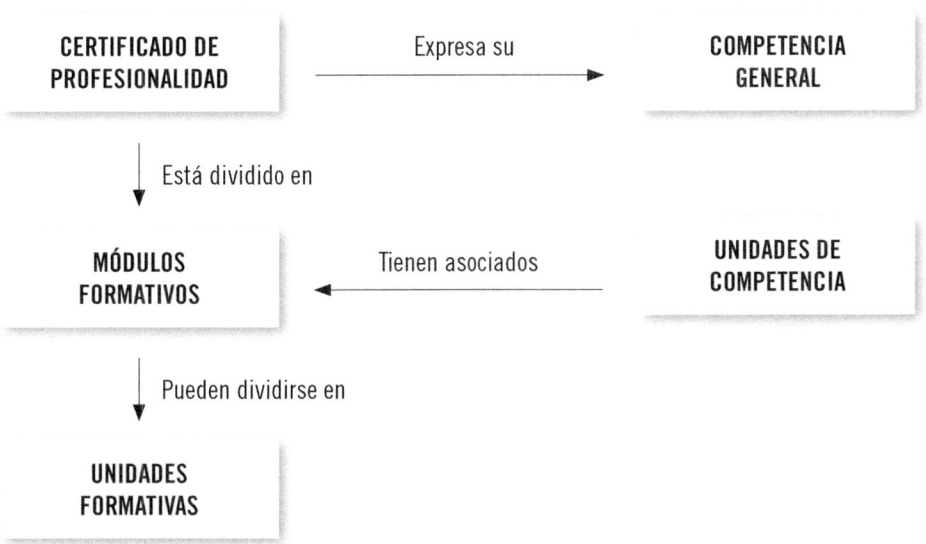

El presente manual desarrolla la Unidad Formativa **UF1710: Programación y coordinación de actividades de Fitness en una S.E.P.,**

perteneciente al Módulo Formativo **MF0274_3: Programación específica SEP,**

asociado a la unidad de competencia **UC0274_3: Programar las actividades propias de una Sala de Entrenamiento Polivalente (SEP), atendiendo a criterios de promoción de la salud y el bienestar del usuario,**

del Certificado de Profesionalidad **Acondicionamiento físico en sala de entrenamiento polivalente.**

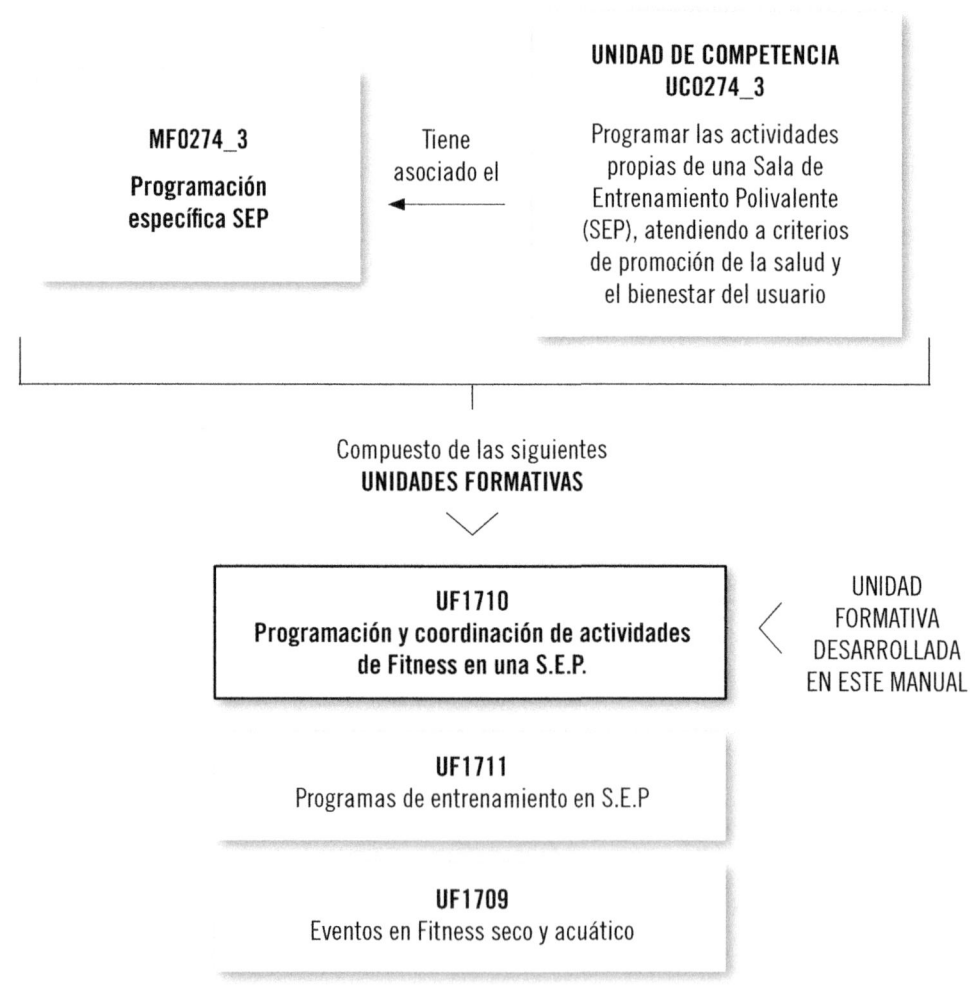

FICHA DE CERTIFICADO DE PROFESIONALIDAD

(AFDA0210) ACONDICIONAMIENTO FÍSICO EN SALA DE ENTRENAMIENTO POLIVALENTE (R. D. 1518/2011, de 31 de octubre)

COMPETENCIA GENERAL: Programar, dirigir e instruir actividades de acondicionamiento físico, con los elementos propios de una Sala de Entrenamiento Polivalente (SEP) ya sean máquinas de musculación, máquinas cardiovasculares, barras, discos, halteras, aparatos o implementos simples, realizando la determinación inicial y periódica de la condición física, biológica y motivacional de los usuarios, con un nivel de calidad óptimo tanto en el proceso como en los resultados y siempre desde la observancia y promoción de la salud y el bienestar.

Cualificación profesional de referencia		Unidades de competencia	Ocupaciones o puestos de trabajo relacionados:
AFD097_3 ACONDICIONAMIENTO FÍSICO EN SALA DE ENTRENAMIENTO POLIVALENTE (R. D. 295/2004, de 20 de febrero, actualizado por R. D. 1087/2005, de 16 de septiembre; modificado por R. D. 1521/2007, de 16 de noviembre y actualizado por R. D. 146/2011, de 4 de febrero)	UC0273_3	Determinar la condición física, biológica y motivacional del usuario	• 3723.1031 Monitor/a de aparatos de gimnasio • 3723.1086 Entrenador/a de acondicionamiento físico en las SEPs de gimnasios o polideportivos • 3723.1086 Preparador/a Físico/a • 3723.1086 Entrenador/a personal • Promotor/a de actividades de acondicionamiento físico • Animador/a de actividades de acondicionamiento físico • Coordinador/a de actividades de "Fitness" • 3723.1086 Técnico de apoyo en la preparación física de deportistas • Instructor/a de las actividades anteriores para colectivos especiales
	UC0274_3	Programar las actividades propias de una Sala de Entrenamiento Polivalente (SEP), atendiendo a criterios de promoción de la salud y el bienestar del usuario	
	UC0275_3	Instruir y dirigir actividades de acondicionamiento físico con equipamientos y materiales propios de Salas de Entrenamiento Polivalente (SEP)	
	UC0272_2	Asistir como primer interviniente en caso de accidente o situación de emergencia	

Correspondencia con el Catálogo Modular de Formación Profesional

Módulos certificado	Unidades formativas	Horas
MF0273_3: Valoración de las capacidades físicas	UF1703: Aplicación de tests, pruebas y cuestionarios para la valoración de la condición física, biológica y motivacional	90
	UF1704: Tratamiento de datos de una batería de tests, pruebas y cuestionarios de valoración de la condición física, biológica y motivacional	40
	UF1710: Programación y coordinación de actividades de Fitness en una S.E.P.	30
MF0274_3: Programación específica SEP	UF1711: Programas de entrenamiento en S.E.P	70
	UF1709: Eventos en Fitness seco y acuático	30
	UF1712: Dominio técnico, instalaciones y seguridad en S.E.P	80
MF0275_3: Actividades de acondicionamiento físico	UF1713: Dirección y dinamización de actividades de entrenamiento en S.E.P	90
	UF1709: Eventos en Fitness seco y acuático	30
MF0272_2: Primeros auxilios		40
MP0367: Módulo de prácticas profesionales no laborales		120

Índice

Capítulo 1
Instalaciones de *fitness*

Contenido

1. Introducción

El auge de la dedicación del tiempo libre a prácticas deportivas ha ido conformando necesidades legislativas. De este modo, atendiendo a la organización y estructura del deporte, las salas de entrenamiento polivalentes se pueden encontrar en distintos estamentos, tanto públicos como privados.

Desde la creación de la Ley del Deporte, 10/1990 de 15 de octubre, la regulación y normalización de la configuración de las instalaciones deportivas se han ido perfeccionando.

En este sentido, aun sin conseguir la unanimidad de criterios debido a que depende de cada comunidad autónoma, a través de la creación del Consejo Superior de Deportes (CSD) se han realizado acciones que presentan modelos y recomendaciones sobre el diseño, construcción, gestión y administración de las instalaciones deportivas.

La configuración de salas de entrenamiento polivalentes debe atender a diversos criterios, en función de los cuales se llevará a cabo el diseño, dotación y distribución de las mismas. Entre esos criterios se encontrará el objetivo principal que se persigue en la realización de ejercicio en ese espacio: cardiovascular, musculación libre o dirigida, estiramientos, actividades colectivas, etc.

Por último, el acceso y el desplazamiento por la propia instalación deben ser diseñados en base a las distintas normativas y persiguiendo el tránsito universal, es decir, dando solución a todas las personas, incluidas aquellas con movilidad reducida.

2. Legislación y normativa

En la actualidad, para la correcta adecuación de dichos espacios existen diversas normativas para su diseño, construcción y mantenimiento.

Como aclaración a los elementos que componen las instalaciones deportivas, se distingue entre espacios deportivos, complementarios y auxiliares, debido a que, en función del tipo de zonas, las consideraciones normativas serán distintas.

Por lo tanto, el espacio deportivo es el lugar donde se lleva a cabo la actividad físico-deportiva. Los espacios complementarios son zonas que dan apoyo a la actividad deportiva, por ejemplo, la recepción o los vestuarios. Y los espacios auxiliares son sitios que complementan la actividad deportiva, sin relación directa con la misma, como, por ejemplo, centros médicos o tiendas.

2.1. Normativa urbanística

Las competencias sobre la legislación referente a instalaciones deportivas recaen en las comunidades autónomas, por lo tanto es necesario revisar la reglamentación propia del lugar en cuestión. Sin embargo, a nivel estatal se pueden encontrar diversas normativas.

Por un lado, la relación entre los criterios encargados de proporcionar seguridad y habitabilidad de los edificios se encuentra en el Código Técnico de la Edificación, Real Decreto 314/2006 de 17 de marzo, por el cual se regula la construcción de los edificios.

Por otro lado, las instalaciones deportivas de gran afluencia de público se rigen por el Reglamento General de Policía de espectáculos públicos y actividades recreativas, Real Decreto 2816/1982 de 27 de agosto, donde se encuentran especificaciones de mayor precisión para este tipo de construcciones.

Del mismo modo, la Normativa de Instalaciones Deportivas y para el Esparcimiento (NIDE), elaborada por el Consejo Superior de Deportes, tiene como fin establecer las condiciones reglamentarias, de planificación y de diseño que deben considerarse en el proyecto y la construcción de instalaciones deportivas. Solo tienen obligatoriedad de cumplimiento aquellas instalaciones que se realicen con fondos, total o parcialmente, del Consejo Superior de Deportes.

Este hecho provoca la escasa homogeneidad de criterios, duplicidad y controversias entre la legislación estatal y la autonómica.

A continuación, se muestra una relación de normativas vigentes para las instalaciones deportivas referenciadas por el Consejo Superior del Deporte:

- Ley 39/2022, de 30 de diciembre, del Deporte, que establece el nuevo marco jurídico del deporte español y actualiza la legislación vigente desde 1990.
- Real Decreto 173/2010, de 19 de febrero, por el que se modifica el Código Técnico de la Edificación, aprobado por el Real Decreto 314/2006, de 17 de marzo, en materia de accesibilidad y no discriminación de las personas con discapacidad.
- Real Decreto 314/2006 de 17 de marzo por el que se aprueba el Código Técnico de la Edificación (CTE).
- Real Decreto 178/2021, de 23 de marzo, por el que se aprueba el Reglamento de Instalaciones Térmicas en los Edificios (RITE), sus Instrucciones Técnicas Complementarias (ITE) y se crea la Comisión Asesora para las Instalaciones Térmicas de los Edificios.
- Real Decreto 2816/1982, de 27 de agosto, por el que se aprueba el Reglamento de Policía de Espectáculos Públicos y Actividades Recreativas.
- Real Decreto 919/2006, de 28 de julio, por el que se aprueba el Reglamento técnico de distribución y utilización de combustibles gaseosos y sus instrucciones técnicas complementarias ICG 01 a 11.
- Real Decreto 1054/2002, de 11 de octubre, por el que se regula el proceso de evaluación para el registro, autorización y comercialización de biocidas.
- Real Decreto 487/2022, de 21 de junio, por el que se establecen los requisitos sanitarios para la prevención y el control de la legionelosis.

Actividades

1. Busque la legislación y normativa referente a su comunidad autónoma por la que se rijan las instalaciones deportivas orientadas al *fitness*.

 Recuerde

La normativa NIDE solo es obligatoria para instalaciones construidas con financiación, total o parcial, del Consejo Superior de Deportes.

2.2. Aplicación de las normas de calidad

La calidad de las instalaciones deportivas se valora principalmente a través del cumplimiento de normas referidas a tres aspectos fundamentales:

- **Seguridad.** Baja probabilidad de que se produzca cualquier situación de riesgo.
- **Accesibilidad.** Capacidad para ofrecer un acceso universal con independencia de posibles limitaciones.
- **Sostenibilidad.** Influencia sobre tres aspectos fundamentales:

    - Cubrir las necesidades con menor impacto sobre el medioambiente.
    - Económicamente más rentable, mismos recursos con menos costes.
    - Concienciación social.

Criterios de calidad

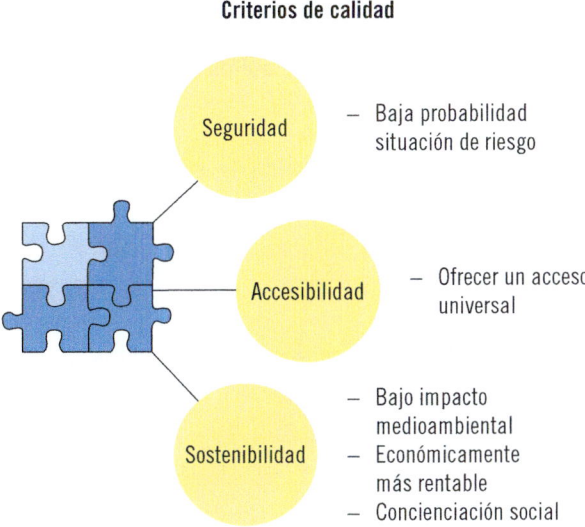

Seguridad — Baja probabilidad situación de riesgo

Accesibilidad — Ofrecer un acceso universal

Sostenibilidad
— Bajo impacto medioambiental
— Económicamente más rentable
— Concienciación social

En relación a los equipamientos deportivos, con el objeto de garantizar la calidad de los mismos, las normas UNE y UNE-EN se encargan de establecer los criterios de seguridad. Aunque no son de obligado cumplimiento, es recomendable el uso de las mismas.

Se presentan a continuación las normas UNE-EN para superficies e iluminaciones que se recomiendan en una instalación deportiva:

- 14904:2007. Superficies para áreas deportivas. Especificaciones para suelos multideportivos de interior.
- 12193:2020. Iluminación. Iluminación de instalaciones deportivas.
- 1838:2016. Iluminación. Alumbrado de emergencia.

2.3. Modelo de excelencia de la instalación

El deterioro con el paso del tiempo en las instalaciones y los equipamientos es inevitable, lo que produce un menoscabo del servicio que se ofrece.

Por esto, la seguridad y el mantenimiento son acciones claves para alcanzar la excelencia. De ahí, que surja la necesidad de ejecutar un plan de mantenimiento cuyas principales tareas sean las de mantenimiento preventivo, aspectos técnico-legales de obligado cumplimiento y la limpieza, y mantenimiento correctivo, reposición o reparación de daños o deficiencias en materiales o instalaciones.

Nota

La limpieza es una tarea de mantenimiento preventivo destinada a mantener la salubridad de la instalación.

Existen diversas herramientas que recogen información sobre el estado de cualquier aspecto arquitectónico o de equipamiento. Entre ellas se destacan las siguientes:

- **Normas de uso.** Conciencia y evita el mal uso o desgaste de cualquier instalación o equipamiento, como por ejemplo el uso de calzado adecuado al pavimento.
- **Inventarios.** Relación de equipamientos tanto en cantidad como en estado.
- **Fichas de seguimiento y control.** Revisión escrita sobre diversas tareas.
- **Fichas de incidencia.** Recolección de un incidente sobre la instalación y/o el equipamiento.
- **Fichas de reserva de salas o equipamiento.** Hojas de control y reserva del uso de zonas o salas de la instalación y del equipamiento.
- **Buzón de sugerencias u otros.** Herramientas destinadas a recoger información sobre el estado de satisfacción de los usuarios sobre la instalación.

Nombre de la instalación:	
Persona que revisa:	
Hora / Fecha:	
Elemento / Equipamiento revisado:	
Incidencia:	
Persona / Organismo a quien se informa:	
Solución propuesta:	
Fecha de solución de la incidencia:	

Modelo de ficha de incidencia

Siguiendo la publicación elaborada por el Consejo Superior de Deportes, "Seguridad en instalaciones deportivas", a continuación se citan las **revisiones** indicadas para una instalación:

■ Cimentación y estructura: deformación y corrosión. Revisión anual.

- Fachada: aplacados, ladrillos caravista y elementos volados. Revisión semestral. En el caso de los elementos volados, también tras condiciones climatológicas reseñables (fuertes vientos, etc.).
- Fachada: vidrios. Revisión mensual.
- Particiones: falsos techos. Revisión semestral.
- Particiones: tabiques y cubiertas. Revisión anual.
- Instalaciones: eléctrica, climatización y agua caliente y sanitaria. Revisión semestral.
- Instalaciones: evacuaciones. Revisión diaria.
- Recepción: pavimento y mobiliario. Revisión semestral.
- Circulaciones. Revisión diaria.
- Protecciones de seguridad. Revisión mensual.
- Aseos y vestuarios: pavimentos, revestimientos, taquillas y bancos. Revisión semestral.
- Aseos y vestuarios: griferías. Revisión diaria.
- Espacio _fitness:_ pavimento. Revisión semestral.
- Máquinas de musculación: estabilidad, antivuelco y sujeción. Revisión semanal.
- Equipamientos fuera de uso. Revisión mensual.

En cuanto al equipamiento específico, al adquirirlo debe estar acompañado de unas instrucciones de uso y mantenimiento redactadas por el fabricante. Dependiendo del tipo de material, y en concreto en aparatos o máquinas de _fitness,_ estas acciones pueden ir desde un simple engrasado hasta tratamientos más complejos de componentes mecánicos y electrónicos.

 Actividades

2. Busque modelos de herramientas diseñados para ejecutar los planes de mantenimiento de una instalación deportiva.

Aplicación práctica

Vicente es el director de una sala de entrenamiento polivalente. Dentro de sus tareas tiene que definir acciones del plan de mantenimiento. ¿Qué aspectos principales se deben revisar? ¿Qué herramientas puede usar?

Diseñe una tabla en la que se especifique con qué frecuencia deben realizarse las revisiones.

SOLUCIÓN

De manera principal, ha de revisarse el pavimento, los aseos y vestuarios, máquinas y el equipamiento fuera de uso.

Las herramientas a utilizar son los inventarios, las fichas de seguimiento y control y las fichas de incidencia.

La frecuencia de revisión es:

Periodicidad	Diaria	Semanal	Mensual	Semestral	Anual
Pavimento				X	
Aseos y vestuarios	X				
Máquinas		X			
Equipamiento fuera de uso			X		

3. Características de un S.E.P.

Entre las salas de entrenamiento polivalentes se puede encontrar multitud de diseños y distribuciones, atendiendo principalmente a los servicios que en ella se ofertan. Además, es imprescindible tener en cuenta si la sala de entrenamiento polivalente es un espacio deportivo más, o comprende en sí el único espacio deportivo.

3.1. Requisitos básicos

Debido a la escasa unanimidad de criterios, los requisitos básicos de una sala polivalente se regirán por la legislación de la Comunidad Autónoma del lugar en cuestión.

En general, si se atiende a la normativa NIDE 2021 Salas y Pabellones, las dimensiones de las salas de entrenamiento polivalente se regulan en función de las condiciones para salas de puesta a punto y salas de musculación.

En cuanto a las **salas de puesta a punto (SP),** según las necesidades, se recomienda que la anchura mínima sea de 5 m, la longitud esté entre 6 y 9 m y la altura mínima sea de 3,20, aunque recomendada entre 3,5 y 4 m. Se clasifica en **SP I,** con una superficie mínima de 30 m^2, y **SP II,** con una superficie mínima de 45 m^2.

Por lo que respecta a las **salas de musculación (SM),** se recomienda que la anchura mínima sea de 6 m, la longitud mínima esté entre 8 y 12 m y la altura mínima sea de 3,20, aunque recomendada entre 3,5 y 4 m. Se clasifica en **SM I,** con una superficie mínima de 48 m^2, y **SM II,** con una superficie mínima de 72 m^2.

En lo que se refiere al pavimento, la naturaleza de los usos deportivos requiere una respuesta de amortiguar y absorber los impactos, por lo que deberá ser capaz de resistir y amortiguar la caída de elementos pesados, y sus discontinuidades no serán superiores a 6 mm.

Este tipo de materiales suelen ser de madera o plásticos. En este último caso se ha de prevenir no dejar elementos pesados de forma prolongada, ya que se originan marcas y desniveles en el mismo.

 **Consejo**

A través de las normas de uso de las salas de entrenamiento polivalentes se puede ayudar a la conservación del pavimento. Por ejemplo, dejando todo el material (pesas, barras, etc.) en su sitio original. En particular, las barras y discos no pueden dejarse en el suelo.

Toda sala de entrenamiento es recomendable que esté iluminada con iluminación natural y nivel medio de iluminación artificial de 200 lx-300 lx (las zonas de levantamiento de pesas requieren 300 lx) y una temperatura mínima de 20 ºC. Si la sala está climatizada, la temperatura máxima será de 23 ºC y recomendada de 21,5 ºC.

Dispondrán de ventilación de forma que aporte aire exterior limpio con un volumen mínimo de 45 m³/h por deportista. En cualquier caso, la calidad del aire se mantendrá con un nivel de CO_2 no superior a 700 ppm (0,7 ‰ en volumen). Además, se colocarán techos absorbentes del sonido para acondicionamiento acústico del local.

Sobre otros aspectos más generales, la misma normativa dispone que en instalaciones con más de un espacio deportivo, la sala ha de situarse preferentemente al mismo nivel que el espacio deportivo principal y los vestuarios, que dispondrá de un almacén de material deportivo específico, que la puerta de acceso será doble para permitir la entrada y salida de las máquinas, y que los ornamentos serán resistentes a golpes hasta 2 m de altura al menos.

 Actividades

3. Busque y compare las diferencias relativas a la iluminación de los espacios deportivos entre la norma NIDE 2021 Salas y Pabellones y la de su propia comunidad autónoma.

3.2. Tipologías y zonas: zona cardiovascular, zona de musculación, zona de peso libre, zonas para estiramientos y otras zonas

En la actualidad, dada la amplia gama de actividades y materiales para la realización de entrenamientos con diversos fines, en las salas de entrenamiento polivalentes se pueden distinguir diferentes zonas en las que se conjuntan los elementos destinados a cumplir los objetivos.

Zona cardiovascular

Es el espacio destinado a la realización de actividades aeróbicas con el objetivo principal de mejorar la capacidad cardiorrespiratoria de los usuarios.

Este tipo de zonas se suelen encontrar al inicio del espacio deportivo, debido a que, por lo general, son utilizadas en la parte inicial y final de las sesiones de entrenamiento.

Con objeto de poder realizar de forma segura la actividad, el tipo de maquinaria (sobre todo, las cintas de correr) debe proporcionar espacio libre para que, en caso de posibles accidentes, no se interponga ningún obstáculo.

Ejemplo de zona cardiovascular

Zona de musculación

Es el lugar donde se practican actividades relacionadas con la fuerza muscular a través de máquinas que guían el movimiento en función de la musculatura a trabajar.

Este espacio suele ubicarse a continuación de la zona cardiovascular, o cercano a esta. La configuración va en función del tipo de máquinas o aparatos, según tamaño. Normalmente, se encuentran ordenados por grupos musculares.

Con el fin de mantener el pavimento en buen estado, es aconsejable atender a la colocación de elementos pesados sobre el mismo, pudiendo utilizar superficies que ofrezcan estabilidad y no deterioren el pavimento.

Zona de peso libre

Es la parte del espacio deportivo cuyo objetivo es la realización de ejercicios de fuerza con elementos como mancuernas, discos y barras que ofrecen libertad en sus movimientos.

Es imprescindible la colocación de espejos para posibilitar al usuario una referencia visual y propia sobre la ejecución del ejercicio.

 Nota

En este tipo de salas, la colocación de espejos ayuda al usuario a rectificar posibles defectos en la ejecución de sus ejercicios.

Igualmente, para mantener el pavimento en buen estado es aconsejable proporcionar elementos para la correcta colocación de elementos pesados sobre el mismo, y prevenir posibles caídas o impactos sobre el mismo. Para ello se recomienda la utilización de superficies que ofrezcan estabilidad y absorción del impacto, y no deterioren el pavimento.

Ejemplo de zona peso libre

Zonas para estiramientos

Es un área libre dotada principalmente de una superficie cómoda y antideslizante, donde los usuarios puedan realizar ejercicios para la mejora de la movilidad y flexibilidad.

Este tipo de zonas necesitan una especial atención de limpieza debido a las marcas que pueden ocasionar aspectos como el sudor en el pavimento, etc.

Otras zonas

En las salas de entrenamiento polivalentes, puede haber otros espacios, que pueden ser muy diversos, desde salas especialmente dedicas a actividades colectivas hasta zonas de esparcimiento o relajación.

Principalmente, las salas para actividades colectivas suelen disponer de una organización rectangular, con espejo que guíe al monitor de la actividad. Además cuentan con aparatos de megafonía, y están separadas físicamente a través de puertas y tabiques. En ellas se encuentra un espacio dedicado al material propio de las actividades que se realizan, como pueden ser *steps,* colchonetas, esterillas, etc.

Ejemplo de otras zonas

Para las indicaciones para actividades que requieran espacios acuáticos, no son propias de salas de entrenamiento polivalentes y han de seguir las mismas directrices que el uso de piscinas.

En cuanto a las zonas de relajación o esparcimiento, han de estar bien separadas del espacio deportivo y, a ser posible, conectadas con los vestuarios o poseer unos propios. Cuentan con elementos más específicos, como pueden ser el tipo de pavimento, la temperatura, la megafonía, las camillas, etc.

3.3. Dotación y distribución de las máquinas y aparatos por zonas

El equipamiento total de una instalación dependerá del espacio disponible, del número de usuarios y de los servicios que se oferten. Por lo tanto, la cantidad de máquinas y aparatos estarán marcados por directrices técnicas ajustadas al programa de actividades.

Como premisas generales, con independencia del tipo de espacio, la organización de los distintos tipos de zonas debe permitir una circulación fluida, a ser posible en ambos sentidos, y con el espacio suficiente para ejecutar sin interrumpir ningún pasillo. Además, cada máquina o aparato debe contar con un espacio libre a su alrededor para posibles riesgos.

La zona cardiovascular se equipa habitualmente con cintas de correr, elípticas, bicicletas estáticas, remoergómetros, etc., destinados a realizar actividades continuas. La disposición de las máquinas debe permitir a la persona la comunicación con otros usuarios, por lo que es muy común ver este tipo de aparatos alineados y ordenados por tipos de máquinas. Además, al ser actividades que requieren ejercitación de forma continua en el mismo entorno, en la medida de lo posible, es aconsejable orientarlas a ventanales o cristaleras que hagan más amena la actividad. Por último, cabe recordar que la distribución ha de diseñar un espacio para potenciales riesgos.

 Consejo

Para garantizar la seguridad en la práctica deportiva en la instalación, es conveniente delimitar sobre el pavimento, en la medida de lo posible, las zonas de circulación y de ejecución.

La zona de musculación se compone de máquinas que permitan trabajar el tren superior e inferior. Normalmente se encuentran ordenadas por grupos musculares, existiendo separación entre tren superior (brazos, espalda, hombro y pectorales), tronco (abdominales y lumbares) y tren inferior (cadera, muslo, piernas y pie). Dichas máquinas pueden ser para entrenar un solo movimiento (ejercicios uniarticulares) o multifunción (ejercicios multiarticulares), equipadas con distintos agarres y direcciones. Este tipo de máquinas deben ajustarse al espacio, procurando una orientación concéntrica al centro de la sala.

Ejemplo de máquinas de musculación

La zona de peso libre está dotada de mancuernas, discos y barras, y su distribución se diseña en el espacio por la colocación del espejo y los elementos de soportes como pórticos, estructuras para la colocación de mancuernas o discos, etc. Al igual que la zona de musculación, se encuentran ordenadas por grupos musculares, separando entre tren superior, tronco y tren inferior.

La zona de estiramientos está formada por colchonetas o superficies blandas, y material de utilización individual, como pueden ser *fitball,* gomas elásticas, espalderas, etc.

Ejemplo de zona de estiramientos

Aplicación práctica

En esta ocasión Vicente debe prevenir la actividad de una tarde con muchos usuarios
en la instalación, organizar la zona cardiovascular, de musculación, pesos libres y
clases colectivas para usuarios libres y usuarios de entrenamiento personal. Además
hay un curso de ejercicios con *fitball* y bandas elásticas durante una hora de la tarde.
Por suerte, algunas máquinas de la zona cardiovascular se transportan fácilmente, y
las otras son suficientemente grandes.

Explique cómo puede llevarlo a cabo.

SOLUCIÓN (Posible Solución)

El primer paso es delimitar los espacios a usar por cada tipo de usuario:

- Usuarios libres: se diseñarán rutinas secuenciando las zonas de cardiovascular y
  musculación.
- Usuarios en entrenamiento personal: transportar máquinas de la zona cardiovascular
  a zona de pesos libres.
- Usuario del curso: zona de clases colectivas.

Por otra parte, se ha de prever el material que se necesita para el curso, y reservarlo mediante
una ficha para que se les comunique a los entrenadores personales.

Material	Ud.	Zona	Hora	Reservado
Fitball	15	Clases colectivas	18 – 19	Sí
Bandas elásticas	20	Clases colectivas	18 – 19	Sí

4. Reparto de espacios

Cualquier instalación deportiva debe permitir el acceso a cualquier persona
con facilidad. Para ello, es necesario que todos los espacios que forman parte
de dicha instalación tengan un acceso adecuado, es decir, una accesibilidad
integral.

4.1. Accesos

La norma DALCO establece un conjunto de criterios a tener en cuenta en la accesibilidad a una instalación:

- **Itinerario exterior:** la comunicación exterior a la instalación debe ser posible a través de transporte público en los alrededores y privado, con la dotación de plazas de aparcamientos. Es importante comprobar que sea accesible toda la ruta hasta la entrada de la instalación.
- **Acceso a la instalación:** la entrada debe ser a través de una rampa con una pendiente menor al 6 %. Se recomienda además contar con escaleras. La puerta de entrada debe tener un ancho como mínimo de 1,20 m y contar con un espacio libre a ambos lados de la misma de más de 1,50 m. Es conveniente colocar timbres o interfonos.
- **Vestíbulo y recepción:** con diámetro superior a 1,50 m, pavimento antideslizante, y en cuanto al mostrador es recomendable que sea con diferente altura (1,1 m-0,8 m) y espacio inferior libre para la entrada de sillas de ruedas con una separación aproximada de 60-75 cm.
- **Deambulación por la instalación:** conexión de espacios con itinerarios accesibles, pavimentos uniformes y antideslizantes, e iluminación uniforme.
- **La práctica deportiva:** se debe disponer de equipamiento deportivo que pueda ser utilizado por personas de diferente aptitud física, así como personal cualificado con capacidad de adaptación de las diferentes actividades.
- **Vestuario y cuartos de baños:** puertas con anchura mínima de 90 cm y altura de 2,20 m. Desagües a ras de suelo y rejillas aptas para evitar el atasco de sillas de ruedas o bastones. El vestuario puede ser individual o colectivo y debe contener barras de apoyo, asiento abatible, espejo y percha.

Actividades

4. Busque e infórmese de lo que se indica en el Reglamento General de Policía de espectáculos públicos y actividades recreativas, Real Decreto 2816/1982 de 27 de agosto, y realice un esquema de las características del acceso a la instalación en función del aforo.

4.2. Flujos de desplazamientos

La configuración de las distintas zonas que conforman la instalación es un aspecto primordial en el diseño de la misma. La conexión entre los diversos espacios debe asegurar una comunicación adecuada y lógica entre los lugares propios de la realización de la actividad deportiva y los complementarios.

El esquema general a seguir debe presentar el acceso exterior hacia un vestíbulo y recepción, desde el cual existe la posibilidad de comunicarse con los vestuarios y con el espacio deportivo, que a su vez deben estar interconectados. Es común encontrar entre las distintas reglamentaciones la obligatoriedad de la comunicación entre el vestíbulo y recepción con los vestuarios, con independencia del espacio deportivo.

Para asegurar la evacuación del edificio según el aforo deben disponerse de correspondientes salidas de emergencia desde los distintos espacios, según lo establecido en el Reglamento General de Policía de espectáculos públicos y actividades recreativas o en otras normativas propias de la comunidad autónoma en cuestión.

Flujo de desplazamientos

De otro modo, la señalización es un elemento importante para dirigir el flujo de desplazamiento en una instalación, a través de las pertinentes indicaciones: acceso a vestuarios y aseos, almacenes, zonas privadas, o desperfectos ocasionales que impidan el uso normal de cualquier espacio o aparato.

Para finalizar, es necesario establecer zonas de circulación en los diferentes espacios deportivos, principalmente en el acceso a máquinas y aparatos, donde no interfiera la utilización de estos aparatos con el acceso a los mismos.

5. Adecuación para usurarios con discapacidad

La accesibilidad integral es un requisito indispensable para que las personas con alguna discapacidad o limitación puedan hacer uso y disfrute de las instalaciones deportivas. Por ello, es importante organizar los espacios deportivos con el objetivo de garantizar la entrada y la salida, así como el empleo en condiciones de igualdad y seguridad.

Atendiendo al manual de Buenas prácticas en instalaciones deportivas, el acceso al itinerario exterior debe contar con aparcamiento adaptado disponible normalmente 1 por cada 40 o 50 plazas. Específicamente en la normativa NIDE 2021, que solo es de obligado cumplimiento en instalaciones oficiales del estado, la reserva de aparcamiento para personas con movilidad reducida es de 1 plaza/200 usuarios (deportistas y espectadores) o bien 1 plaza/33 plazas de aparcamiento o fracción y como mínimo dos. Si existe información sobre la instalación en el exterior, debe percibirse de forma clara y con textura, y colocarla a una altura adecuada.

Aparcamiento para minusválidos

En la sala de recepción, la iluminación debe alcanzar los 500 lux para personal con deficiencia visual y se deben evitar las separaciones a través de mamparas para usuarios con limitaciones auditivas. En cuanto al mostrador, hay que adaptar la altura, la anchura y la profundidad a sillas de ruedas. Es importante que el personal tenga nociones básicas sobre el tratamiento con personas discapacitadas.

En caso de contar con zona de gradas, se deben reservar plazas para espectador en silla de ruedas y estar cerca de un baño adaptado. Se recomienda 1 por cada 200 espectadores. Si bien, en la normativa NIDE 2021 se refleja que las plazas reservadas para usuarios de silla de ruedas es 1/100 plazas o fracción.

A hora de realizar la práctica deportiva el monitor debe adaptar las actividades a las limitaciones de usuarios con discapacidad. Mientras se lleva a cabo la misma, los perros guías podrán esperar a la persona dentro de la instalación. En la zona de musculación, al menos una máquina por cada grupo muscular debe ser apta para el uso de usuarios con movilidad reducida, contando con espacio libre que permita el paso de silla de ruedas.

En cuanto a los vestuarios y baños, es recomendable contar con una sala suficientemente amplia (1,50 m de diámetro) para personas con discapacidad que necesiten ayuda de una persona acompañante y se identificará con la señal de accesibilidad. Al lado de perchas y banco, es necesario que haya espacio libre de obstáculo para una silla de ruedas, así como que las taquillas y espejos estén a una altura adecuada. En el baño debe instalarse barra de agarres en la zona del inodoro y en la ducha, además esta debe tener pendiente de desagüe (2 %) sin resaltes ni bordes y con grifería alcanzable.

 Recuerde

En la zona de musculación al menos una máquina por grupo muscular debe ser apta para el uso de personas con movilidad reducida.

 Actividades

5. Realice un boceto de la configuración de una sala de entrenamiento polivalente con varios espacios deportivos y complementarios, con la misión de realizar un planteamiento de las zonas de comunicación entre las mismas.

6. Resumen

Las instalaciones en el ámbito del *fitness* se componen de espacios deportivos, complementarios y auxiliares. Para su diseño, construcción, gestión y administración es necesario regirse por la legislación de la comunidad autónoma en cuestión, además de apoyarse en la reglamentación de ámbito estatal y en las recomendaciones realizadas por el Consejo Superior de Deportes a través de las normas NIDE.

Cualquier espacio destinado a ofrecer servicios al público ha de pretender optimizar y asegurar la calidad del mismo. En este sentido, la forma de ejecutarlo es a través de los criterios de seguridad, accesibilidad y sostenibilidad y apoyados en normativas como la UNE-EN.

Por otra parte, no es suficiente con alcanzar un nivel de excelencia en cuanto a la instalación se refiere. El mantenimiento es indispensable debido a que el mero paso del tiempo la deteriora. En el plan de mantenimiento deben fijarse las acciones preventivas y correctivas.

Entrando en el espacio deportivo, es conveniente recordar que el diseño y configuración irá de la mano con el programa deportivo que se presente. A nivel de normativa, ha de cumplir especificaciones relacionadas con las dimensiones, pavimento, iluminación, ventilación, etc. Y a nivel de organización, es conveniente establecer zonas para los distintos objetivos, como los son: cardiovascular, musculación, peso libre, estiramientos y otras zonas.

Sobre la distribución y dotación de las diversas zonas se ha de procurar encontrar una adecuada relación entre el espacio disponible y las máquinas y/o aparatos que satisfagan el objetivo perseguido. Criterios como la orientación y seguridad son claves para la configuración final.

Del mismo modo, los accesos y flujo de desplazamientos deben ser tenidos en cuenta en el diseño de la instalación. Es perentorio el cumplimiento de las normativas existentes, la normativa DALCO en lo referente al acceso, y otras específicas en cuanto al flujo de desplazamiento, que como norma general deben comunicar el acceso con el vestíbulo y la recepción, desde donde se accede a vestuarios y espacios deportivos.

Por último, para asegurar el uso universal de la instalación, esta debe responder a las necesidades de personas discapacitadas. La adecuación por lo general busca modificar aspectos que permitan el acceso y el desempeño de las funciones normales, como comunicación en recepción, desplazamiento por los itinerarios y zonas de ejercicio, y uso de vestuarios y aseos.

Ejercicios de repaso y autoevaluación

1. **De las siguientes frases, indique cuál es verdadera o falsa.**

    a. El espacio auxiliar está directamente relacionado con la práctica deportiva.

    ☐ Verdadero
    ☐ Falso

    b. Los vestuarios y la recepción se consideran espacios auxiliares porque dan apoyo a la práctica deportiva.

    ☐ Verdadero
    ☐ Falso

    c. El centro médico de una instalación es un ejemplo de espacio complementario.

    ☐ Verdadero
    ☐ Falso

2. **Complete los siguientes espacios con palabras:**

    Las competencias sobre la legislación referente a _____ _____ recaen en las _____ _____, sin embargo, a nivel estatal se puede encontrar diversas normativas, como por ejemplo el código de _____ _____, el reglamento general de _____ de _____ _____ y _____ _____, y las normas _____.

3. **Referido a la aplicación de normas de calidad en una instalación deportiva, ¿qué normativa garantiza la calidad en los equipamientos? ¿Es obligatoria?**

    _____
    _____
    _____
    _____

4. De las siguientes frases, indique cuál es verdadera o falsa.

a. La sostenibilidad reduce el coste económico y el impacto medioambiental.

☐ Verdadero
☐ Falso

b. La accesibilidad trata de concienciar a la sociedad, permitiendo reducir los riesgos.

☐ Verdadero
☐ Falso

c. La seguridad se traduce en la baja probabilidad de que surjan situaciones de riesgo.

☐ Verdadero
☐ Falso

5. ¿Entre qué tipos de mantenimiento se puede diferenciar?

_____
_____
_____
_____

6. Indique qué afirmación de las siguientes es la correcta:

a. La limpieza es un mantenimiento correctivo, al igual que tareas de aspectos técnicos-legales como la reparación del estado del pavimento, la fachada, etc.
b. La limpieza es un mantenimiento preventivo, al igual que tareas de aspectos técnicos-legales como la revisión del estado del pavimento, la fachada, etc.

7. ¿Qué herramientas utilizaría para asegurar el control del estado del equipamiento?

_____
_____
_____

8. Relacione los siguientes aspectos con su correspondiente evaluación:

    a. Circulaciones
    b. Falsos techos
    c. Evacuaciones
    d. Maquinas de musculación

    __ Semestral
    __ Diaria
    __ Semanal
    __ Diaria

9. En una instalación con una recepción, dos vestuarios, una sauna, un almacén, dos salas de clases colectivas y una sala con zona cardiovascular y zona musculación, ¿cuántos espacios deportivos existen?

    _____

    _____

10. Según la norma **NIDE 2021 Salas y pabellones**, complete los requisitos mínimos:

    a. Superficie en sala puesta a punto:
    b. Superficie en sala de musculación:
    c. Altura mínima:
    d. Temperatura sin climatizar:

11. De las siguientes frases, indique cuál es verdadera o falsa.

    a. La ventilación en una sala no es importante si existen climatizadores y ventanas.

        ☐ Verdadero
        ☐ Falso

    b. La ventilación debe permitir aporte de aire exterior limpio con un volumen mínimo de 45 m³/h por deportista.

        ☐ Verdadero
        ☐ Falso

c. La puerta de acceso a una sala de musculación o puesta a punto será doble
para permitir la entrada y salida de las máquinas.

☐ Verdadero
☐ Falso

12. ¿Qué diferencia las zonas de musculación de las de peso libre?

_____

_____

_____

_____

**13. Ordene las siguientes máquinas en sus correspondientes zonas: espejos, espalde-
ras, remoergómetro y máquina de glúteos.**

a. Zona cardiovascular:
b. Zona de musculación:
c. Zona de peso libre:
d. Zona de estiramientos:

**14. ¿Cuáles son los criterios que se recogen en la norma DALCO para asegurar la acce-
sibilidad a una instalación?**

_____

_____

_____

_____

**15. Para asegurar la adecuación de una sala de musculación a personas con movilidad
reducida, ¿cuántas máquinas deben adaptarse?**

_____

_____

_____

_____

Capítulo 2
Planificación de actividades de *fitness*

Contenido

1. Introducción

El hecho de constituir una empresa requiere un paso previo teórico indispensable. Una planificación adecuada se construye en base a sus distintas etapas: diagnóstico, objetivos, ejecución y evaluación.

Los componentes que elaboren y pongan en práctica dicho plan deben presentar una jerarquía y definición de funciones, con el objeto de evitar duplicidad y vacíos en las diversas tareas. Por otro lado, cualquier estrategia ha de realizarse en base a los medios disponibles, y atendiendo de forma individualizada a cada uno de sus elementos para conseguir la máxima optimización posible.

Otro aspecto importante es la definición del servicio a prestar, identificar los diferentes grupos poblacionales de forma que mediante el programa de actividades se satisfagan las expectativas demandadas por cada uno de ellos, por criterios como horarios, espacio y tiempo de práctica, agrupación, etc.

Tras la configuración de los planteamientos organizativos y los servicios a prestar, la elaboración de un plan de gestión es el nexo entre la teoría y la práctica.

Encarar la comercialización del producto es un punto clave, puesto que en un sector tan competitivo es un medio para marcar diferencias. La captación y la fidelización del usuario es la meta del plan de *marketing,* para lo cual ha de ajustarse a un análisis que determine las posibilidades reales, los medios más indicados y la presentación y oferta del producto.

El día a día de este tipo de organizaciones necesita de una estructura que regule las acciones cotidianas a llevar a cabo. Es preciso apoyarse en la elaboración de un plan de uso, que refleje la misión y los valores de la empresa, un plan de mantenimiento, que asegure la adecuación de la instalación y el equipamiento, y un plan de calidad, que permita una relación bidireccional entre la empresa y el cliente, además de proporcionar un entorno que retroalimente la marcha del negocio.

Por último, es conveniente estudiar la viabilidad del negocio a través de extraer conclusiones de la confrontación de gastos originados por la inversión y los retornos esperados. Más si cabe, es imprescindible estimar la rentabilidad de la instalación. El análisis global del balance económico es esencial para abordar una decisión definitiva sobre el negocio.

2. Principios de la planificación de actividades en instalaciones de *fitness* - componentes de la misma

Cualquier organización está sometida a cambios permanentes en su entorno. Aun así, es necesario un proceso de planificación donde se definan los objetivos que persigue, cómo llevarlos a cabo, medios disponibles, etc.

Así que se antoja casi obligatorio realizar reflexiones sobre todas estas cuestiones, planteando un proceso de continua evaluación y control que se adapte a la situación real de la entidad.

La planificación es una herramienta por la cual se analizan las características del entorno que rodea a la empresa mediante un proceso de diagnóstico, y en función de dicho análisis, pretende determinar acciones con el fin de alcanzar ciertas metas a través de los medios disponibles, que por sí solas no ocurrirían, y posee una serie de características que se enumeran a continuación:

- Proceso continuo que requiere reajustes.
- Formulación de un conjunto de decisiones, relacionadas entre sí de forma sinérgica.
- Determinación de los medios disponibles y necesarios, estableciendo preferencias entre los mismos.
- Es un planteamiento para llevar a la práctica en un futuro.
- Su fin es la consecución de los objetivos propuestos.

Etapas del plan estratégico

Análisis de diagnóstico

Definición de objetivos

Selección de estrategias y medios

Puesta en práctica

Revisión y control de resultados

Por todo ello, al hablar de planificación se debe entender que, como proceso, está secuenciado básicamente por un diagnóstico, la elaboración de un plan, la ejecución del mismo y su evaluación.

2.1. Componentes de la organización y gestión de actividades en SEP

Con vistas a dirigir y analizar el curso de acción, cada entidad que desee llevar a cabo diversos programas orientados al *fitness* debe tener personas que dirijan, efectúen y posibiliten la realización de dichos programas. El gerente es la persona que velará por el correcto funcionamiento de la entidad. Sus tareas son gestionar la globalidad del negocio, es decir, aspectos como la contabilidad general, cuestiones laborales y fiscales, la dirección de la instalación y los recursos económicos y humanos. En función del tamaño de la empresa, es posible la necesidad de crear áreas o departamentos específicos (comercial, recursos humanos, etc.).

 **Consejo**

El asesoramiento de cuestiones laborales y fiscales es determinante. Si se carece de formación al respecto, es conveniente la contratación de estos servicios a una entidad externa.

La dirección técnica es un área imprescindible para cualquier sala de entrenamiento polivalente. Es muy común que esté ocupada por el propio gerente o un monitor. Sin embargo, esto no resta importancia a su labor. Es el máximo encargado sobre los programas ofertados, planificando y distribuyendo las zonas deportivas, los monitores y los recursos materiales disponibles.

Los monitores deben poseer la titulación y la experiencia correspondiente para diseñar y dirigir la actividad en cuestión. En función del número de actividades ofertadas y los grupos u horarios de las mismas, se necesitarán más o menos personas.

El recepcionista se encarga del control de acceso, comunicación con los usuarios, realización de cobros, reserva de espacios y materiales, etc. En función del tamaño de la entidad, estas tareas pueden ser delegadas en la gerencia (instalaciones pequeñas) o puede haber necesidad de realizarlas entre varias personas (instalaciones más grandes).

El personal de mantenimiento permite el óptimo estado de limpieza de la instalación. Normalmente solo se cuenta con personas dedicadas a la limpieza, y para daños o reparaciones se contrata a un servicio externo.

 **Consejo**

Para las tareas de limpieza, al contratar a personal a través de una contrata nos garantiza que el servicio no se puede ver interrumpido por vacaciones o enfermedad.

2.2. Elementos de la planificación de actividades en SEP

A la hora de planificar actividades para los distintos ámbitos, se han de tener en cuenta los diferentes elementos que asegurarán un reparto óptimo de los medios disponibles.

De forma general, una actividad debe tener un espacio dedicado durante un tiempo determinado, en el cual se puedan desarrollar los contenidos deseados mediante la dirección de un monitor o no, permitiendo una adecuada agrupación con disponibilidad de los materiales pertinentes. A continuación, se detallan con profundidad dichos medios:

- El espacio deportivo a usar debe cubrir las necesidades esenciales de la práctica deportiva, así como estar disponible para la misma. Por ello, la reserva del mismo es una acción primordial.
- El tiempo tiene una doble vertiente: de una parte, la <u>franja horaria</u> a la que se realiza la actividad, sirvan como ejemplo los programas destinados a personas mayores en horarios de mañana; y por otra parte, el <u>tiempo de práctica,</u> durante el cual transcurre la actividad, y es esencial su medición para un ajuste adecuado entre calidad en el tiempo de ocupación del espacio por los usuarios y producción de beneficios.
Muchas entidades ofrecen distintos precios en función de la franja horaria a la que se realice la actividad.
- Los contenidos van a marcar el uso del espacio. Si existen varios espacios deportivos, estos se distribuirán por el mismo, por ejemplo, las salas exclusivas de clases colectivas. Para asegurar seguridad y calidad, los contenidos deben desarrollarse sin limitación de espacios y con adecuación de equipamientos y materiales.
- La agrupación de los usuarios debe planificarse en cualquier actividad, tanto individuales como colectivas: en las primeras, asegurando un reparto de personas acordes al espacio y recursos disponibles; y en las segundas, no excediéndose en el número de participantes para que no disminuya la calidad de la práctica.
- Los recursos humanos necesarios, principalmente se refiere a la presencia o no de un monitor que guíe la actividad. Es recomendable la presencia de una persona en todas las actividades, aunque sean de práctica libre, como medida preventiva a posibles problemas y apoyo al usuario.
- Los equipamientos y materiales son parte indispensable para la práctica. De hecho, la satisfacción y calidad percibida por el usuario está determinada en buena parte por estos aspectos. La reserva y conservación de los mismos es una acción primordial.

Elementos de la planificación de actividades

Es conveniente saber que el hecho de realizar un planteamiento adecuado sobre estas cuestiones principales y otras secundarias, si bien es cierto que no aseguran el éxito de las actividades, posibilitan reflexionar sobre los criterios, ayudando a una mejor puesta en práctica por la anticipación a posibles problemas que puedan surgir, como la previsión de potenciales soluciones derivadas del propio planteamiento.

 ## Actividades

1. Realice una búsqueda en distintas entidades sobre los distintos organigramas, diferenciando las áreas o departamentos y el tamaño de la misma.
2. En un planteamiento teórico, razone mediante un esquema cómo distribuir las diversas actividades en función del contenido en los diferentes espacios deportivos.

Aplicación práctica

En un centro deportivo se decide incluir un nuevo servicio de clases colectivas de pilates sin máquinas. Explique los elementos de planificación de la actividad que propondría y quién lo llevaría a la práctica.

SOLUCIÓN (Posible solución)

La actividad de pilates va orientada a personas adultas, en su mayoría mujeres.

Necesita de un espacio libre, por lo que el espacio deportivo es la sala de clases colectivas. La franja horaria se determina en horario de mañana o primeras horas de la tarde, para que coincida con actividades extraescolares de los niños. El tiempo de duración es 1 hora. La agrupación es colectiva, no más de 20 usuarios por clase, ya que solo se va a tener un monitor. Este monitor debe estar titulado en pilates. El material que se va a usar son esterillas, con lo cual se han de reservar 20 o 15, teniendo en cuenta que muchas personas prefieren usar una propia.

La promoción, organización y contratación del monitor lo lleva a cabo la gerencia.

La reserva de la sala y materiales, así como el control de acceso a la instalación, los realiza la recepción.

La impartición de contenidos y dirección de la actividad la hará el monitor.

---

3. Teoría y práctica de las técnicas para la planificación de las actividades de *fitness* en sus distintos ámbitos

En el ámbito deportivo, y en concreto en la dirección de la SEP, la traducción de los objetivos formalizados de manera teórica se expresan mediante proyectos, originando actividades que se ofertan a los usuarios para el consumo de aquellas que se ajusten en mayor o menor medida a sus gustos y/o necesidades.

De forma racional, en la planificación de actividades de *fitness* se deben organizar los programas de manera que cada grupo poblacional tenga su acceso a la SEP, o bien aceptar y centrarse en solo uno o algunos de ellos, teniendo en cuenta que en ese caso la reducción de usuarios será considerable y la calidad del servicio habrá de ser máxima. En cualquier caso, los objetivos, contenidos y medios se han de definir para cada uno de los colectivos que potencialmente son clientes.

3.1. Edad escolar

La primera indicación para este colectivo es que aceptar como clientes a usuarios en edad escolar será siempre bajo consentimiento del padre, madre y/o tutor/a legal. Además, al ser menor de edad, la organización dispondrá en cualquier tipo de actividad una persona encargada de supervisar la práctica, incluso cuando esta sea libre.

Principales características:

■ Espacio, contenidos y materiales: en función de los objetivos y la actividad.
■ Franja horaria: por la tarde durante el curso escolar, y mañanas y tardes durante periodo estival.
■ Tiempo de práctica: sesiones con una duración aproximada de 1 hora.
■ Agrupación: por lo general, individual o por parejas.
■ Recursos humanos: monitor que planifique y guíe en la práctica. Si la actividad es libre, debe estar bajo la supervisión de un adulto.

3.2. Adultos

Este grupo de personas necesitan relativamente poco, suelen acudir con el horario muy ajustado por otras ocupaciones y actúan con independencia, aunque no por ello hay que descuidar su atención.

El monitor puede proporcionar la información sobre lo que tiene que realizar y dejar libertad para ponerla en práctica.

Principales características:

- Espacio, contenidos y materiales: en función de los objetivos y la actividad.
- Franja horaria: por la tarde principalmente, ajuste a horarios laborales.
- Tiempo de práctica: sesiones con una duración aproximada de 1 hora.
- Agrupación: individual.
- Recursos humanos: monitor que planifique la actividad y, en función de la experiencia, guiar o no la práctica.

 Sabía que...

Existen servicios de guarderías en los centros deportivos para permitir a los adultos realizar su entrenamiento evitando preocupaciones.

3.3. Mayores de 65 años

Para este colectivo es indispensable una atención muy cercana, desde que el usuario entra por la instalación hasta que la abandona. Es necesario una adecuada recepción, incluso por el propio monitor que va a guiar y explicar su práctica. Por lo general, es la población que menos usa los vestuarios. El ritmo de la práctica es más lento, por lo cual los usos de la instalación han de medirse con mayor margen.

Principales características:

- Espacio, contenidos y materiales: en función de los objetivos y la actividad.
- Franja horaria: por la mañana.
- Tiempo de práctica: sesiones con una duración aproximada de 1-2 horas.
- Agrupación: individual o clases colectivas.

■ Recursos humanos: monitor que planifique y guíe la actividad, personas que demandan atención.

 Nota

Las personas mayores disponen de mayor tiempo libre y toman conciencia de la necesidad de realizar ejercicio físico para mantener una mejor calidad de vida.

3.4. Colectivos especiales discapacitados

Este tipo de personas requiere un trato individualizado. Además, en función de lo adaptada que esté la instalación, necesitarán mayor o menor grado de ayuda, así como en función del grado de discapacidad. Es conveniente elegir una franja horaria en la que la instalación esté menos ocupada.

Principales características:

■ Espacio, contenidos y materiales: en función de los objetivos y la actividad.
■ Franja horaria: indeterminada, previsión de pocos usuarios en la instalación.
■ Tiempo de práctica: sesiones con una duración aproximada de entre 1-2 horas.
■ Agrupación: por lo general, individual.
■ Recursos humanos: monitor que planifique y guíe la actividad, con formación para atender a la diversidad de discapacidades.

3.5. Preparación física específica

Estos colectivos son especiales por la naturaleza que los lleva a la instalación para realizar la práctica. Por lo general, usan todos los espacios de la instalación, desde los vestuarios hasta las distintas zonas deportivas. En la medida de lo posible, es conveniente incluirlos en las primeras o últimas horas.

Principales características:

- Espacio, contenidos y materiales: en función de los objetivos y la actividad.
- Franja horaria: indeterminada.
- Tiempo de práctica: sesiones con una duración aproximada de entre 1-2 horas.
- Agrupación: individual o por parejas.
- Recursos humanos: monitor que planifique y guíe en la práctica, o bien el usuario posee su propio plan de entrenamiento y tan sólo necesita el espacio y el material para realizarlo.

 Actividades

3. ¿Qué diferencias se encontrarían para una misma actividad, aerobic, en función del colectivo que lo realiza?

4. Plan de *marketing*

El plan de *marketing* es una herramienta que permite adaptar los objetivos del centro deportivo a la demanda de los usuarios, y surge por la necesidad de responder a las expectativas de los clientes y el consumo de los productos ofertados por la empresa. Por lo tanto, es una relación bidireccional de intercambio de valores, económicos o no. Según el tamaño de la entidad, es posible crear un departamento específico para dedicarse a estas tareas.

4.1. Concepto, objetivos y funciones

La función principal del *marketing* es el estudio de los procesos de intercambio entre lo que el cliente desea y la oferta, así como facilitar los medios
adecuados. El *marketing* se centra de cuatro conceptos, de aquí la definición
del *marketing* de las 4 P: producto o servicios que se ofertan por parte de la
entidad, precio asignado al producto, distribución (punto de venta) de servicios
demandados a disposición de los usuarios y promoción de los beneficios de la
actividad ofertada. Como cualquier plan, posee diversas etapas para su elaboración y posterior ejecución:

- Análisis del sector, que permita deducir potencialidades y dificultades.
- Planteamiento de objetivos, particularmente diferenciados entre cualitativos y cuantitativos.
- Estrategias a desarrollar, clarificando los medios y plazos en relación a
  un presupuesto determinado, tratando de medir la relación inversión-
  beneficio.
- En su conjunto, al recabar información y planear el curso de acción se
  derivan los procedimientos de evaluación y control.

4.2. La captación y la fidelización del usuario

En los negocios del sector del *fitness* un objetivo principal suele ser alcanzar un volumen de clientes adecuado al tamaño de la entidad, diferenciando
dos aspectos: la captación y la fidelización.

En cuanto al primer aspecto, la captación, es el conjunto de acciones que
provocan el inicio del consumo de los servicios por parte de los usuarios. Es un
proceso continuo, basado en multitud de medios propagandísticos, desde el
boca a boca hasta elementos de publicidad muy costosos.

Generalmente, el flujo de clientes varía en función de estaciones, siendo
primavera y otoño las temporadas altas y el verano como la temporada más
baja, por lo que es importante tenerlo en cuenta al iniciar las campañas de
captación. Además, es un proceso muy orientado a las actividades, porque a
través de ellas se pretende responder a los distintos grupos poblacionales.

 **Nota**

La primavera y el otoño son temporadas altas para este sector, por lo que es más fácil realizar una captación en estos periodos.

Por otro lado, la fidelización son todas aquellas acciones encaminadas a mantener al consumidor adherido a las actividades ofertadas. Dentro de la amplia gama de posibilidades para acometer esta tarea existe un aspecto clave: la personalización del servicio hacia el usuario.

Es un proceso que requiere que la persona tenga un sentimiento positivo hacia la empresa, con interés por mantener una relación comercial estable y continuada en base a compromisos definitivos, es decir, que el usuario se comprometa.

Se pueden distinguir cuatro aspectos fundamentales sobre los que orientar las acciones en busca de la fidelización:

- Personalización, sin caer en la discriminación entre los distintos usuarios.
- Diferenciación frente a la competitividad del mercado.
- Satisfacción, responder a las demandas y expectativas, incluso sorpresas positivas por algo inesperado.
- Habitualidad, expresada en la antigüedad, frecuencia y duración del consumidor.

4.3. Plan estratégico: Análisis del sector en el contexto, análisis DAFO

El plan estratégico es un documento en el que se presentan los objetivos generales que persigue la entidad para un futuro a medio-largo plazo, así como los objetivos específicos que llevan a conseguirlos. Además, también contemplarán las acciones y proyectos que hay que llevar a cabo para alcanzar dichos objetivos.

 **Nota**

Todos los componentes de una entidad son responsables de poner en práctica el plan estratégico.

Igualmente, debe constar un proceso de continua evaluación de dicho plan para realizar posibles adaptaciones a la realidad. Los encargados de realizar y seguir el plan estratégico son los responsables de la gestión de una empresa, sin embargo todos sus miembros deben implicarse por el cumplimiento del mismo.

Previamente a la elaboración del plan estratégico, es de gran importancia analizar el entorno en el que se encuentra la organización deportiva, es decir, realizar un diagnóstico interno y externo de los factores, que indique la situación real.

La metodología DAFO es una de las maneras más utilizadas para la realización del análisis del contexto. Se basa en cuatro conceptos:

- Debilidades, analizando los puntos débiles de la organización a nivel de recursos materiales y humanos, presupuestos, tecnología, localización, instalaciones y actividades.
- Amenazas, examinando los factores externos que afectan negativamente a la entidad, así como la competencia, comunicación y características de la población.
- Fortalezas, registrando los puntos fuertes de la organización a nivel interno.
- Oportunidades, aspectos externos que afectan positivamente a la entidad en el entorno externo.

Matriz DAFO

Debilidades	Amenazas
Fortalezas	Oportunidades

Una vez conocidas tanto las limitaciones como las posibilidades, se realizará el plan estratégico adaptándolo a ellas.

4.4. Información al usuario: su importancia y los distintos medios de información

La información es imprescindible transmitirla en el momento y sobre los medios adecuados. Promocionar la apertura de un centro de *fitness,* los programas de actividades, o cualquier otra oferta o producto es esencial para generar flujo de consumidores.

Para ello, es imprescindible realizar un análisis del sector en el contexto que se desea introducir el producto, delimitar bien el radio de influencia y elegir los medios adecuados a dicho radio para no hacer esfuerzos baldíos. El mensaje que se debe transmitir ha de ser adaptado en forma y contenido al público al que se dirige, como, por ejemplo, folletos de gimnasia para personas mayores con letras grandes y legibles.

Es muy común utilizar anuncios personalizados por escrito, bien sean plasmados en cartelería fija, folletos informativos, prensa escrita, etc., o anuncios audiovisuales, en radio, en televisión o vídeos promocionales. Del mismo modo y en la globalidad que ofrece internet, el uso de publicidad en páginas web, el propio espacio virtual del propio negocio y, como más importante, las redes sociales que permiten un constante bombardeo de noticias y ofertas al instante.

Otros medios muy útiles pero menos económicos son la expansión del logo de la empresa a través de artículos de promoción: camisetas, sudaderas, bolsas deportivas, bolígrafos, pegatinas, etc. Estas técnicas, junto con la repartición de folletos en buzones y parabrisas de los vehículos, están muy bien valoradas por los profesionales de este ámbito.

4.5. Desarrollo del plan de *marketing* estratégico. Plan de *marketing* de cada producto/servicio

Una vez definido el plan de *marketing,* el siguiente paso es poner en marcha los distintos proyectos o actividades, que en este caso se concretan con los distintos servicios ofrecidos, como pueden ser circuitos de *fitness,* pilates, yoga, *body pump,* etc.

En referencia al tipo producto, es conveniente atender a las conclusiones extraídas de los análisis del entorno realizado, y priorizar aquellos que tengan público en la zona de influencia del negocio, sin olvidar la variedad dentro del programa de actividades.

Un aspecto clave y que requiere de estudio y meditación es el precio asignado al producto, más si existe competencia en la zona. Entre las distintas medidas más comunes para establecer los precios se encuentran:

- Cuota de inscripción. Es usual cobrar una cuota para hacerse socio.
- Tarifas mensuales, trimestrales, semestrales y/o anuales. En función de los servicios ofertados, el número de días de uso y los horarios elegidos.
- Abonos para varias sesiones o actividades.
- Pago de una sesión. No es muy común, pero en diversos lugares establecen el cobro de la sesión para usuarios esporádicos.

Del mismo modo, es habitual detallar los precios en función de la agrupación, distinguiendo entre ejercicios individuales, que con independencia de ser libres o dirigidos se suelen ejercitar con asesoramiento y control por un monitor, y ejercicios colectivos, como aeróbic, artes marciales, *spinning,* etc., quedando establecidos los horarios semanales para las clases.

 Consejo

En la actualidad, es una tendencia ofrecer una amplia gama de servicios al efectuar el abono mensual, en contraposición al pago por cada servicio.

La distribución de servicios demandados debe satisfacer los horarios y el tipo de usuario al que se orientan, si son de carácter individual o colectivo, y una adecuado ajuste a las dimensiones y zonas de la instalación (cardiovascular, peso libre, máquinas de musculación, sala de clases colectivas, etc.).

Como norma general, todo servicio debe presentarse tanto en horario de mañana como de tarde a excepción de aquellos más exclusivos, o bien en la distribución diaria o semanal.

Para finalizar, cada producto debe tener su propia propaganda, que se encargue de hacerlo atractivo a las personas, promocionando los puntos fuertes de la actividad en cuestión, como pueden ser los beneficios derivados de la misma, el precio, la tendencia actual, la novedad tecnológica, etc. Como se cita anteriormente, es conveniente el uso de distintos medios de difusión.

4.6. Teoría y práctica de las técnicas para la planificación de las actividades de *fitness* en sus distintos ámbitos: edad escolar, adultos, mayores de 65 años, colectivos especiales, discapacitados, actividades de iniciación, preparación física específica

El perfil de los usuarios de este tipo de salas es muy variado, porque cada grupo poblacional se ha ido encontrando con la evolución de los programas de actividades que oferta su espacio. Por lo general, el nivel socioeconómico es un aspecto importante, si bien es también importante conocer los distintos motivos de práctica y las tareas específicas de *marketing* para cada colectivo en concreto:

- **Edad escolar.** Los motivos que llevan a participar en actividades de este tipo a las personas jóvenes por lo general suelen ser buscar una buena imagen y cuidar su salud a través de actividades lúdicas, relacionándose con los compañeros. El producto para este grupo se centra en actividades como karate, bailes, juegos, deportes variados, etc. El precio no suele ser muy alto, ya que son sesiones que aceptan gran cantidad de participantes. Se distribuyen carteles y folletos con información de las actividades y los beneficios de la misma en colegios, centros de salud, etc.

- **Adultos.** Igualmente, mantener una buena imagen y la salud son motivos para este grupo, además del valor social y como actividad anti-estrés, independiente de la actividad laboral. La percepción de riesgo aumenta, en pro de una práctica más segura. El producto en este colectivo son las clases colectivas como aeróbic, pilates, *spinning, body pump,* yoga, etc. El precio varía en función del número de participantes óptimo de cada actividad que garantice la atención necesaria por parte del monitor y del coste del material específico. La distribución de publicidad se realiza principalmente por grandes empresas, supermercados, centros comerciales y en colegios para la captación de padres.

- **Mayores de 65 años.** Con actividades orientadas a mejorar su salud, mantener la calidad de vida y una actividad social diferente al resto de sus relaciones. Estos son sus principales motivos. La práctica ha de ser segura, con pequeños retos y con poco uso de implementos. El producto para este tipo de usuarios son programas colectivos de baja media intensidad, como gimnasia de mantenimiento, pilates, taichí, etc. El precio suele ser bajo y la publicidad se realiza principalmente en el hogar del pensionista, centros de día para mayores, plazas de abastos, centros de salud y hospitales, pequeños comercios, etc.

- **Colectivos especiales discapacitados.** Este grupo de personas tiene como principal motivo mejorar su calidad de vida, potenciando partes del cuerpo, que se trabajan más que otras. Suelen ser concretos en los objetivos a conseguir, además de tener rasgos de sacrificio y entrega. El producto ofertado son actividades colectivas donde se relacionen con otros participantes con limitaciones, como pueden ser deportes adaptados, e individuales adaptadas a cada persona. El precio de actividades personalizadas será superior a las colectivas por la necesidad de un monitor por sujeto. La distribución de la información se realizará por centros de discapacitados, asociaciones, centros de salud, etc.

■ **Preparación física específica.** Los motivos pueden ser de rehabilitación para alcanzar de nuevo el nivel óptimo tras lesiones, o deportistas que realizan parte de su entrenamiento diario o semanal en este tipo de salas, orientados a alcanzar el máximo rendimiento en las capacidades relevantes de su modalidad. El producto normalmente suele ser la instalación con máquinas de musculación y pesos libres que permite realizar su entrenamiento. El precio no suele ser muy alto y la publicidad se distribuye por clubes deportivos, federaciones, eventos deportivos, etc.

 Consejo

Es conveniente tratar a todos los clientes adecuadamente, independientemente del colectivo y la rentabilidad que proporcione el servicio, para evitar discriminaciones o preferencias insignificantes.

4.7. Acciones específicas para fidelizar al usuario de una SEP

Este tipo de negocios frecuentemente se debate entre la captación de nuevos usuarios y la fidelización de los mismos, además se ha de tener en cuenta la variabilidad de volumen de clientes en función de los periodos temporales, y que siempre, el primer paso es la captación. Es decir, la forma en que se realice dicha captación marcará en gran medida la fidelización. Por lo tanto, los proyectos han de estar encaminados a mostrar la globalidad de la oferta, aunque sean eventuales o concretos.

Entre las acciones más comunes para mantener la confianza de los usuarios están la cuota reducida, que consiste en bajar dicha cuota a partir de un tiempo prolongado de suscripción a los servicios, la cuota reducida por hacer un nuevo cliente, bien sea familiar o amigo u otro que al realizar su inscripción deduzca la cuota del primero o incluso de ambos, la diversidad de actividades, a través del pago de abono ofrecer mayor cantidad de servicios y en los horarios convenientes, y otras cuestiones eventuales, que engloban desde el regalo de equipamiento deportivo hasta cupones canjeables por servicios gratuitos en función del consumo del usuario.

Por lo general, se puede afirmar que el usuario difícilmente abandonará cualquier actividad que colme sus expectativas. La personalización del servicio se convierte en un aspecto clave para asegurar la lealtad del cliente. A continuación, se enumeran aspectos concretos:

■ Horarios amplios y flexibles, para que sea el consumidor el que decida en qué franja asiste, incluso en fines de semana y festivos.
■ Higiene y confort independientemente de las horas de uso, principalmente en espacios auxiliares como los vestuarios.
■ Asistencia a diferentes programas según las preferencias del usuario, que se sienta escuchado y valorado por la empresa.
■ Un personal cualificado y cercano, competente con su labor y en el trato hacia las personas.

 Actividades

4. Indique tres acciones a llevar a cabo para promocionar un producto o servicio.
5. ¿Qué tendencias actuales se pueden encontrar en cuanto a la fidelización del usuario? Exponga casos reales de su entorno cercano.

 Aplicación práctica

En un centro deportivo se decide incluir un nuevo servicio para aumentar el flujo de clientes, puesto que los actuales se mantienen pero no se atrae a nuevos. El gerente debe decidir quién y cómo se actuará en un plan de *marketing*. ¿Qué le aconsejaría?

Continúa en página siguiente >>

<< Viene de página anterior

SOLUCIÓN (Posible solución)

El primer paso es realizar un análisis del sector, estudiar qué tipo de servicio puede aumentar el número de usuarios. Para ello:

∎ Realizar una matriz DAFO para conocer aspectos externos e internos que afecten a la actividad en concreto.

El siguiente paso es definir el plan estratégico, que se compone de:

∎ Definir los nuevos objetivos a través de indicadores cualitativos y cuantitativos técnicos.
∎ Asignar las tareas correspondientes para conseguir los objetivos.
∎ Llevar a cabo las acciones.

Una vez concretadas las metas a conseguir, hay que realizar la captación de usuarios a través de un plan de *marketing,* que incluye las siguientes funciones:

∎ Definir características del producto en cuanto a los recursos necesarios y población a la que va dirigido.
∎ Asignar precio a la actividad.
∎ Distribución de la información.
∎ Promocionar los beneficios de la actividad a través de charlas, publicidad en medios de comunicación, web, etc.

El último paso es evaluar el servicio, donde todos deben contribuir: el gerente estudiando el entorno, el director técnico atendiendo a que se cumplan los objetivos, la recepción y monitores valorando la aceptación del servicio por los usuarios, etc.

---

5. El proyecto de gestión

Con vistas a generar rendimiento en una empresa, es imprescindible definir líneas operativas que respondan a los objetivos concluidos tras la determinación del plan estratégico. En concreto, se deben definir planes de uso, de mantenimiento, de viabilidad y de rentabilidad.

5.1. Plan de uso: política interna, normativa, plan presupuestario

Este tipo de negocios orientados al sector del *fitness* necesitan del flujo constante de clientes que hagan uso y disfrute de la instalación y su equipamiento, por lo cual es forzoso diseñar una correcta organización en cuanto al uso de los espacios, sus normas correspondientes y la relación coste-beneficio.

En la actualidad, es una tendencia esclarecer la misión de la entidad, es decir, declarar los valores que se pretenden aportar a la sociedad mediante el desarrollo de la actividad. En otras palabras, crear una política interna sobre qué ofrece la empresa, cómo se desea llevar a cabo y para qué se realiza. Esto es conveniente expresarlo por escrito y transmitirlo a los usuarios, tanto al inicio de su relación con la empresa como en el trato diario, de manera implícita.

Con el objeto de asegurar una adecuada convivencia entre el personal, los usuarios y el establecimiento es importante crear una normativa que arbitre la relación empresa-cliente, atendiendo, entre otros aspectos, al precio de la matrícula y cuotas, al procedimiento de alta y baja del usuario, a los derechos y deberes, etc.

 Nota

Cada nuevo usuario debe recibir de forma explícita, por escrito o hablado, las características y funcionamiento del centro, así como sus derechos y obligaciones.

Del mismo modo, el uso de los distintos espacios y materiales es una cuestión muy relevante, porque un buen uso de la instalación asegura en parte la calidad del servicio y contribuye a tareas de mantenimiento preventivo. Frecuentemente se especifican la indumentaria, el calzado, el uso de toallas, las normas de uso de aparatos, etc.

Junto a estas labores, se encuentra la realización del plan presupuestario, que, de forma general, se resume en la ordenación de los gastos e ingresos. La partida de gastos debe segmentarse en fijos y variables, como instalación, suministros, equipamientos, personal, financieros y otros. En la otra dirección, los ingresos se resumen en los distintos servicios y formas de pago.

5.2. Plan de mantenimiento

La finalidad de crear una estrategia para el mantenimiento de la instalación es garantizar la calidad y la correcta adecuación de la misma para ofrecer un servicio idóneo. Este plan será desarrollado especialmente por el personal de mantenimiento, sin embargo, es importante crear conciencia colectiva entre todo el personal y los propios usuarios para facilitar y disfrutar de todos los equipamientos y materiales en las condiciones óptimas.

En líneas generales, el plan de mantenimiento está dividido en dos acciones fundamentales: el mantenimiento preventivo y el correctivo.

En cuanto a las acciones que comprenden el mantenimiento preventivo, se encuentra la limpieza, la revisión de equipamientos y elementos de seguridad y el inventariado de los materiales.

La limpieza es un elemento indispensable y diario, incluso dependiendo del tamaño y flujo de clientes en la instalación, pueden existir dos turnos en cada jornada. Principalmente, en los espacios donde la higiene necesita una mayor atención, sobre todo en zona de vestuarios y baños, es conveniente presentar una hoja de comprobación de la última tarea realizada.

La revisión de equipamientos y elementos de seguridad no es necesario realizarla diariamente. Recogerá tareas tales como comprobación de fecha de caducidad de extintores, revisión del estado de las calderas y atender a aspectos arquitectónicos del edificio. Del mismo modo, debe supervisarse la lubricación de máquinas específicas, como cinta de correr, poleas, etc. Es muy importante para este tipo de acciones contar con un registro en el que se indique la fecha de realización, acciones efectuadas, próxima fecha de revisión y la persona encargada de llevarla a cabo.

El inventario es una tarea imprescindible para conocer el material y el estado del mismo. De forma global, se realizará semestralmente, sin embargo, es conveniente centrarse en el material deportivo específico que se usa diariamente, de forma mensual. A través de un registro por medio de hojas de observación o fichas de control, se contabilizan las unidades y se verifica el estado de conservación y funcionalidad de los materiales. El informe de inventario recoge la fecha de realización, el responsable, las unidades, los defectos e incorrecciones y la solicitud de material nuevo.

 Consejo

En las tareas de inventariado deben participar los monitores, debido a que ellos pueden conocer de forma más precisa las necesidades y estado en cuanto a los materiales.

En referencia al mantenimiento correctivo, precisa de conocimientos técnicos específicos y, en función del tamaño y especialización del equipo de mantenimiento, se recurrirá a la contratación de un servicio externo. Por otra parte, se deben conocer los periodos de garantía de la maquinaria adquirida para facilitar el arreglo de la misma. Por último, es necesario prever situaciones de urgencias contando con la colaboración de todo el personal, como por ejemplo, que durante un servicio una máquina deje de funcionar correctamente y el monitor se encargue de advertir mediante un cartel que está fuera de uso.

5.3. Plan de calidad

En el sector del *fitness,* la diferenciación respecto a servicios similares se encuentra en la calidad ofertada y en cómo es percibida por los usuarios. Este proceso requiere mostrar las líneas de actuación del centro deportivo de forma clara a los usuarios, y permitir a los mismos la valoración de los servicios de la entidad.

Para poder garantizar un servicio de calidad son varios los aspectos a tener en cuenta.

En primer lugar, definir la persona responsable de ejercer el liderazgo a través estrategias que unifiquen los esfuerzos para conseguir los objetivos. Para ello, la gestión del personal requiere de un trato directo que permita conjugar exigencia y motivación. Además, la selección de recursos se ha de regular entre la adecuación y las posibilidades reales.

En segundo lugar, las evaluaciones de los distintos procesos deben proporcionar información tanto a nivel interno como externo, principalmente mediante el conocimiento de la satisfacción de los usuarios, del personal y el impacto que genera la actividad sobre la sociedad. Por último, la consecución de los objetivos se valora por los resultados obtenidos en referencia al rendimiento económico y la aceptación de la oferta en la sociedad.

 Nota

La calidad del servicio es un aspecto diferenciador, muy valorado por el usuario, y puede ser determinante en la fidelización del mismo.

La columna vertebral para la gestión de la calidad constará principalmente de las siguientes herramientas:

- A nivel interno:

  - Manual de calidad, donde se expresen las funciones de cada uno de los miembros pertenecientes al centro.
  - Atención personaliza al cliente: recepción, información de los servicios, dar cita, etc.
  - Seguimiento del plan de mantenimiento: limpieza, revisiones e inventario.

- Seguimiento de la formación continua de los miembros de la entidad.
- Adaptación a las nuevas tecnologías y últimas tendencias de este sector.
- Técnicas de autoevaluación: cuestionarios, reuniones, etc.

- A nivel externo:

  - Política del centro y normas.
  - Actitud abierta a la atención de las demandas de usuarios a través de la comunicación establecida en el trato personal.
  - Buzón de sugerencias abierto a todo el público.
  - Cuestionarios de calidad y satisfacción de usuarios.
  - Valoración a través de redes sociales o página web.

5.4. Plan de viabilidad

Ante el proyecto de creación de una sala de entrenamiento polivalente, es necesario conocer si es una empresa factible y, mediante un estudio de viabilidad, tratar de extraer conclusiones sobre los gastos e ingresos. Para ello, hay que analizar los costes de inversión de los diferentes componentes precisos para el funcionamiento de la entidad y los retornos esperados de la propia actividad.

El primer elemento a analizar es la instalación y sus posibles modificaciones para adecuarse a las condiciones de la normativa vigente, así como el coste de la licencia de apertura del local y la licencia de reforma, en el caso de que sea necesaria. Además, se deben tener en cuenta los gastos de constitución y puesta en marcha, tales como proyecto técnico, posible alquiler y fianza, contratación de teléfono, luz y agua, gastos notariales, etc. Estos suelen generar gastos iniciales muy elevados, por lo que es habitual buscar financiación externa a través de préstamos o créditos solicitados a entidades bancarias.

Por otro lado, se encuentra el importe del equipamiento específico para la realización de ejercicio físico y actividades programadas, sin obviar los gastos de mobiliario, decoración, material de oficina y equipo informático.

De hecho, es recomendable disponer de un fondo que permita hacer frente a imprevistos, cuantificando de manera general la cantidad necesaria a cubrir los pagos durante 3-4 meses para gastos como: sueldos, seguridad social, alquiler, asesoría, publicidad, etc.

Una vez realizado el desglose de los gastos, es momento de ajustar los cálculos del retorno de la inversión: precio de los servicios y previsión de usuarios. La confrontación de ambos análisis proporciona una línea clara sobre las posibilidades reales del proyecto.

 Sabía que...

Otros servicios como las tiendas de equipamiento y la venta de alimentos deportivos, como bebidas energéticas, bebidas hipocalóricas, etc., llegan a representar hasta un 20 % de la facturación total.

5.5. Rentabilidad de la instalación

Emprender un negocio requiere una inversión inicial que limita la obtención de beneficios desde el primer momento. Por ello, la rentabilidad de una empresa se produce cuando el valor de los ingresos es igual a la suma de gastos. A este punto se le conoce como el umbral de rentabilidad.

Una gran parte del caudal de la inversión inicial se dedica a la instalación, ya sea a través de un crédito o por capital propio invertido. Por lo tanto, hay que prever la amortización entre los gastos fijos durante el tiempo estimado. El plazo de amortización del local será correspondiente a su vida útil, pudiéndose aplicar las tablas fiscales existentes para ello. No obstante, en el supuesto de que el local esté en régimen de alquiler o sea una concesión, dicha vida útil queda condicionada al plazo de vigencia del contrato de alquiler o concesión si este fuera inferior a aquella.

Consejo

A la hora de establecer objetivos de amortización, se ha de ser razonable, determinando metas alcanzables.

En estas circunstancias, es conveniente realizar varios supuestos en función de diversas posibilidades de ingresos, a los que se les deducirán los gastos. De forma práctica, mensualmente se desglosan los ingresos y los gastos estimados, proporcionando una visión global del balance durante un ejercicio completo.

En cuanto a los ingresos, se originan a través de la prestación de servicios. Por otro lado, los gastos están compuestos por los costes variables y la suma de: amortización, alquiler, suministros, gastos comerciales, servicios externos, gastos de personal, amortización y otros.

Actividades

6. Detalle de manera esquemática las funciones de cada uno de los miembros de la plantilla de una empresa ficticia del sector.
7. ¿Qué es el umbral de rentabilidad? Realice una búsqueda en internet para conocer cifras aproximadas sobre el mismo en empresas del sector del *fitness*.

Aplicación práctica

Ante la amenaza del rumor de que una gran cadena de gimnasios va a abrir una sede en la ciudad, lo que puede afectar al radio de influencia de un gimnasio, el gerente ha decidido comprobar el plan de calidad, sabiendo que este es indispensable para la fidelización de los usuarios.

Exponga acciones para asegurar la calidad global del servicio.

SOLUCIÓN (Posible solución)

Las acciones a nivel interno:

▮ Observar y evaluar a los distintos miembros de la plantilla: recepcionistas, monitores y personal de mantenimiento.
▮ Seguir el plan de mantenimiento, no solo mediante el registro de tareas, sino observando directamente y en horas de mayor afluencia a la instalación.
▮ Realizar una autoevaluación a los miembros de la plantilla.
▮ Adquirir o proporcionar formación novedosa y actual a los monitores para posibles mejoras en los servicios (métodos de trabajo, relación con el cliente, etc.).
▮ Reunir a los empleados para transmitirles la amenaza y crear un ambiente idóneo para competir.

Las acciones a nivel externo:

▮ Observar y evaluar las demandas de los usuarios: trato directo, buzón de sugerencias, cuestionarios, redes sociales, etc.
▮ Personalizar los servicios, en cuanto horarios y días, monitores, etc.
▮ Premiar a los clientes más fieles, a través de servicios o regalos.

6. Resumen

Toda organización requiere de un proceso de planificación continua en el que se definan los objetivos a conseguir en un futuro, según el contexto, y las estrategias y medios precisos para llevarlos a cabo. Además, debe adaptarse a la realidad mediante una fase de evaluación y control.

Del mismo modo, es necesario determinar los cargos y funciones de los componentes de la entidad. El número de empleados dentro de una sala de entrenamiento polivalente dependerá del tamaño de la instalación y de la cantidad de usuarios. Aun así, entre los puestos básicos se encuentran: el gerente, la dirección técnica, los monitores, la recepción y personal de mantenimiento.

A la hora de organizar las actividades, es importante tener en cuenta elementos como el tiempo, entendido como franja horaria y duración de la actividad, el espacio destinado a cada actividad, los contenidos a desarrollar, la agrupación de usuarios tanto en actividades individuales como colectivas, los recursos humanos y los materiales.

Además, todos estos elementos de las tareas deben adecuarse a las características de los tipos de usuarios y el fin de su práctica, por lo que es necesario diferenciar entre el ámbito escolar, adultos, mayores, personas con necesidades especiales y preparación física específica.

La forma en la que la oferta de servicios del centro se adapta a la demanda de los usuarios es a través de un plan de *marketing,* teniendo en cuenta el producto en función de las características de los clientes, el precio asignado, la distribución a través de los medios y la promoción de los beneficios de la práctica de las actividades. Dicho plan será el responsable de la captación inicial de clientes, seguido de acciones personalizadas para su próxima fidelización.

La adaptación de la oferta a la población es posible gracias a un análisis del entorno mediante una metodología DAFO (debilidades, amenazas, fortalezas y oportunidades) previo a la elaboración del plan estratégico.

Por último, es indispensable la creación del proyecto de gestión que recoja una descripción específica de las acciones a llevar a cabo en los distintos planes: el plan de uso de las instalaciones, que se adaptará a la política interna de la entidad, a la normativa y al presupuesto; el plan de mantenimiento preventivo y correctivo; y el plan de viabilidad y rentabilidad.

Ejercicios de repaso y autoevaluación

1. **Enumere las etapas de generales del plan estratégico.**

_____
_____
_____
_____

2. **De las siguientes frases, indique cuál es verdadera o falsa.**

    a. La gerencia debe ocuparse de las cuestiones laborales y fiscales.

        ☐ Verdadero
        ☐ Falso

    b. La dirección técnica es un área prescindible, cada monitor se puede ocupar de su tarea.

        ☐ Verdadero
        ☐ Falso

    c. La recepción debe ocuparse del control de accesos.

        ☐ Verdadero
        ☐ Falso

3. **¿Qué elemento de la planificación de actividades determina en gran medida la satisfacción y la calidad percibida por el usuario? ¿Qué tareas son más importantes?**

_____
_____
_____
_____

4. Determine los horarios para una actividad colectiva como yoga, y razone la respuesta.

_____

_____

_____

_____

5. Relacione los grupos poblacionales con su característica:

    a. Edad escolar
    b. Adultos
    c. Personas mayores
    d. Colectivos especiales
    e. Preparación física específica

    __ Optimizar rendimiento
    __ Ajuste a horarios laborales
    __ Instalación poco ocupada
    __ Actividades saludables
    __ Actividades extraescolares

6. ¿Cuáles son los cuatro conceptos que definen el plan de *marketing?*

_____

_____

_____

_____

7. Complete los espacios con palabras:

La _____ es un proceso muy orientado a las _____, porque a través de ellas se pretende responder a los _____ grupos poblacionales.

8. ¿Sobre qué aspectos fundamentales gira la fidelización?

_____

_____

_____

_____

9. Si existe un centro deportivo muy cerca del propio, exponga una oportunidad para la realización de una matriz DAFO, y ponga ejemplos.

_____

_____

_____

_____

10. Proporcionar a un usuario una actividad de regalo en la que pueda venir acompaña-do de un amigo o de un familiar es:

    a. Una estrategia de fidelización.
    b. Una estrategia de captación de clientes.
    c. Una estrategia de renovación de clientes.
    d. Una estrategia de captación y fidelización.

11. De las siguientes frases, indique cuál es verdadera o falsa.

    a. La reducción de la cuota mensual es una acción de fidelización.

        ☐ Verdadero
        ☐ Falso

    b. Es importante realizar campañas de captación en temporadas altas.

        ☐ Verdadero
        ☐ Falso

    c. La captación se realiza por diferentes medios, evitando el boca a boca.

        ☐ Verdadero
        ☐ Falso

12. Complete los espacios con palabras:

Las _____ de ____ tienen el objeto de asegurar una adecuada _____ entre el _____, los usuarios y el _____, y la _____ _____ tiene como finalidad expresar lo que pretende _____ la empresa a la _____.

13. Detalle las tres principales tareas de mantenimiento preventivo:

_____

_____

_____

_____

14. De las siguientes frases, indique cuál es verdadera o falsa.

a. La calidad a nivel externo se puede materializar a través de un buzón de sugerencias.

☐ Verdadero
☐ Falso

b. En este sector, para ofrecer calidad es importante seguir las tendencias y avances tecnológicos.

☐ Verdadero
☐ Falso

c. A nivel interno, la valoración de los usuarios sobre la calidad en las redes sociales es importante.

☐ Verdadero
☐ Falso

15. ¿Qué es el umbral de rentabilidad?

_____

_____

_____

_____

Capítulo 3
Gestión y coordinación de actividades de la SEP

Contenido

1. Introducción

Acercarse a una instalación deportiva en un horario de máxima ocupación con un gran volumen de personas practicando ejercicio es un hecho que, si se piensa detenidamente, puede fácilmente desembocar en el caos. Este razonamiento no es desconocido para los gestores de salas de entrenamiento polivalentes, por ello se hace indispensable una programación que permita coordinar las diferentes actividades que se realizan.

Por una parte, se encuentra el usuario, que es la persona por la cual se realiza todo, para que el servicio del centro cumpla con sus expectativas y salga reconfortado tras su consumición del mismo. La generalización debe ser amplia para garantizar que responde a las necesidades de cada grupo poblacional. De ahí, que los horarios de cara al público sean extensos.

Asimismo, la interacción entre las distintas zonas que componen la instalación y las personas encargadas de guiar la práctica es fundamental para ofrecer un servicio completo, que permita la participación al cliente, posibilitando expresarse conforme a lo que le gusta y lo que no le gusta.

En la visión actual que tiene el ámbito del *fitness,* su comercialización está basada en un concepto dinámico, proponiendo situaciones nuevas y retos, sin obviar el esfuerzo para completar las sesiones de entrenamiento. Evidentemente, esto precisa de un equipamiento a la altura de estas demandas, con distintas zonas diferenciadas, en las que, además de lo convencional, tengan cabida servicios similares, como son la estética, la nutrición, la medicina, la fisioterapia, etc. De hecho, la incorporación de espacios auxiliares como una cafetería puede desarrollarse de forma estratégica.

En lo referido al funcionamiento interno, las empresas de este sector deben presentar un organigrama proporcional a su dimensión, y cómo se gestionan los recursos de los que se disponga determinará en gran medida el buen curso de la misma. De manera general, la coordinación de los monitores de las actividades deportivas, los materiales y los recursos económicos disponibles son cuestiones relevantes en este aspecto.

Para terminar, la gestión comprende el global de una instalación. Es decir, no solo se han de medir y programar cuestiones únicamente deportivas, sino que el mantenimiento y la limpieza son acciones fundamentales que permiten asegurar la calidad en la ejecución de los servicios. Además, se ha de ser consciente que estas tareas en numerosas ocasiones las realizan personas externas a la entidad que desconocen cómo funciona la misma.

2. Interacción y coordinación de la oferta de actividades de la SEP

Con vistas a ofrecer un servicio adecuado mediante las actividades ofertadas, es importante realizar un programa para coordinar la relación con el usuario.

2.1. Perfil de usuarios y adecuación de horarios

Las actividades han de distribuirse en base a un criterio esencial, la realización de la misma por parte del usuario, es decir, cualquier servicio debe ajustarse a la población a la que va dirigida. En este sentido, sería ridículo ofrecer un servicio de artes marciales para niños coincidiendo con horarios de asistencia al colegio.

Principalmente, la organización temporal de las actividades se distribuye en función de los horarios laborales, y básicamente la mayor actividad laboral se da en horario matinal. Aun así, no hay que obviar a las personas que realizan sus trabajos en horarios vespertinos, a turnos o exentos de estas obligaciones, como los son jubilados, desempleados, colectivos especiales, etc. Por todo ello, es necesario ofrecer la mayor cantidad de actividades en varias franjas horarias, lo que evitará limitar la asistencia a la instalación por incompatibilidades.

Es conveniente distinguir horarios de mañana, de mediodía, de tarde y de noche. La mañana y la tarde son las franjas más amplias, por ello, es usual encontrar subdivisiones como media-mañana y media-tarde. De otro modo, los horarios nocturnos son más cortos.

 **Nota**

La distribución de los horarios es amplia, se recomienda establecer diferencias entre mañana (6 - 9 h), media-mañana (9 - 12 h), mediodía (12 - 16 h), tarde (16 - 19 h), media-tarde (19 - 21 h) y noche (21 - 00 h).

Las horas que comprenden la mañana se suelen ocupar por usuarios adultos que realizan su actividad antes de ir a su trabajo y personas mayores. La media mañana es más utilizada por clientes con trabajos a turnos, horarios de tardes, deportistas, y padres y madres que aprovechan la estancia en el colegio para dedicar tiempo a sus actividades. Es un momento ideal para colectivos de necesidades especiales, porque la ocupación de la instalación suele ser media-baja y es un horario accesible a este tipo de clientes. Además, las personas mayores prefieren este tipo de horarios para las clases colectivas, debido a que es a partir de entonces cuando han resuelto sus quehaceres diarios.

El mediodía es un horario con poca ocupación de la instalación. Generalmente acuden personas adultas que aprovechan descansos en sus trabajos, o antes del inicio o justo a la salida del mismo, además de deportistas que realizan varias sesiones al día.

La distribución del horario de tarde suele dedicarse a actividades para el colectivo en edad escolar, y para personas adultas que cuidan a los mismos y aprovechan el tiempo de dichas actividades para su propia práctica. En temporadas de invierno esta franja suele ser la que presenta mayor ocupación. La media tarde, por lo general, es el momento de mayor concurrencia de usuarios en la instalación debido a que potencialmente todos los grupos poblaciones tienen tiempo de ocio para realizar ejercicio en las salas polivalentes.

Los horarios nocturnos son sin duda los de menor ocupación. El perfil de los usuarios suele ser de adultos jóvenes y deportistas, y principalmente las actividades que buscan son libres. Existen empresas que incorporan a estas horas clases colectivas de manera estratégica.

 Consejo

---

Los horarios nocturnos son ideales para actividades individuales, por lo que es conveniente saber qué clientes están dispuestos a usar estas franjas.

Esta recolección de información es importante, sin embargo, la distribución horaria y oferta de actividades deben ir en consonancia a los recursos humanos y materiales disponibles. Por lo tanto, es conveniente estudiar estos aspectos en relación a los ingresos y costes derivados.

2.2. Coordinación de las distintas áreas/zonas de actividad

La interacción del usuario con el espacio es un aspecto esencial para asegurar el ofrecimiento de un servicio integral, que requiere de una adecuada coordinación entre los diferentes espacios y monitores que guían las actividades.

En consecuencia, la figura del director técnico se encargará de programar, dirigir e instruir actividades de acondicionamiento físico y a los monitores encargados de llevarlas a cabo, con los elementos propios de una sala de entrenamiento polivalente, ya sean máquinas de musculación, máquinas cardiovasculares, barras, discos, halteras, aparatos o implementos simples, realizando la determinación inicial y periódica de la condición física, biológica y motivacional de los usuarios.

En este sentido, las reuniones técnicas son el medio más utilizado para la organización de las tareas. En función del rango de libertad, a cada monitor se le predeterminará en mayor o menor medida el trabajo a realizar, así como la periodicidad de las tareas. Se recomienda establecer al menos una reunión técnica de forma mensual, aunque semanalmente se dediquen espacios cortos para tal fin.

? Sabía que...

Existen multitud de enfoques para el planteamiento de una reunión, desde una sesión magistral, tormenta de ideas, exposición y debate, análisis y exposición de compañeros, etc.

La puesta en práctica de la dirección suele establecerse mediante la asignación de cada usuario a un monitor. De esta forma, este se convierte en el encargado de realizar las actividades y la ruta por los diferentes espacios deportivos.

Sin embargo, existen otras estrategias, realizadas en instalaciones de mayor dimensión o espacios acuáticos, en las cuales cada zona dispone de un monitor o varios y conforme los clientes van realizando sus ejercicios en dichas zonas efectúan el asesoramiento pertinente. Para ello, el diseño de las sesiones debe plantearse de forma conjunta entre director y monitores.

Independientemente de la estrategia, la toma de decisión sobre la organización y planificación del servicio es una responsabilidad del director técnico, siendo el monitor un elemento indispensable en la ejecución del plan, recogiendo información relevante para efectuar las mejores decisiones. Por otro lado, es frecuente encontrar estructuras organizativas más complejas en instalaciones de grandes dimensiones con mayor flujo de clientes, existiendo un director técnico que enlaza con los monitores a través de los encargados de área o zonas, cumpliendo estos encargados parcialmente las competencias de dirección técnica.

2.3. La evaluación del usuario: flujo de información entre las distinta áreas

El proceso de evaluación permite conocer la opinión e intereses de los clientes, así como la calidad percibida del servicio que se ofrece, contemplando la actividad específica que practica, los recursos humanos y materiales, el mantenimiento y limpieza, los espacios deportivos y complementarios.

La información que se desprende de estos procesos es tan importante como la forma en que circula por la instalación, es decir, de nada sirve llevar a cabo acciones para conocer la opinión del usuario si esta después no es tratada convenientemente. Como norma general, cualquier miembro del personal tiene la obligación de adaptar la instalación y sus medios para el correcto funcionamiento orientado al consumidor.

Por consiguiente, los monitores y recepcionistas son los principales focos de recepción de la información debido a que el desarrollo de sus funciones es inherente a la relación directa con los mismos. Sin embargo, todos los miembros pueden recoger información, de manera directa o indirecta.

De hecho, un aspecto relevante es si la información se recoge de forma pública o anónima, esta última se utiliza para que el usuario pueda expresarse libremente evitando respuestas globales y breves para no caer en prejuicios o valoraciones que pueden resultar violentas.

Entre las técnicas más usuales están las entrevistas personales o la comunicación directa, los cuestionarios de satisfacción, o el buzón de sugerencias, etc. En la actualidad, las redes sociales representan una herramienta útil para la valoración de las actividades, de ahí que su seguimiento puede convertirse de gran utilidad.

 Sabía que...

Hay organizaciones que utilizan sus redes sociales y su página web para conocer la opinión del usuario sobre multitud de aspectos relacionados con el servicio que ofrecen.

Aunque algunas herramientas proporcionan en sí el registro propio, como puede ser una nota en el buzón de sugerencias, para la información recogida de manera directa son necesarios otros medios, como por ejemplo el cuaderno de reuniones, que consiste en anotaciones fundamentales que se toman en las reuniones, o herramientas similares.

La puesta en común es una fase esencial. En ella pueden participar desde los monitores hasta el director técnico, los recepcionistas y el gerente. En estas reuniones se debe proceder a presentar una síntesis de los principales puntos a tratar, incluyendo turnos de exposición si es necesario, para finalmente analizar los resultados que derivan en proposición de las posibles modificaciones adaptadas a las expectativas de los clientes. Es conveniente recordar que la toma de decisiones le corresponde al director técnico o al gerente, en función de la naturaleza de la misma.

2.4. Integración de la oferta de actividades de *fitness* en función de las expectativas y características de los usuarios individual y colectivamente

La principal problemática que presentan los servicios a ofrecer en las salas de entrenamiento polivalente es la elección de las actividades. Mientras que hay algunos que son comunes a todos, como peso libre o cardiovascular, definir qué otros pueden formar parte de la gama de servicios requiere un análisis profundo de las demandas por parte de los usuarios.

En relación a este aspecto, la situación en la que se encuentra el emplazamiento ayuda en gran medida a resolver esta cuestión, mediante un examen de los potenciales clientes y expectativas de los mismos hacia el negocio. De forma práctica, se puede acudir al ayuntamiento o a la organización pertinente para conocer la distribución de la población por rangos de edades, o bien mediante datos más genéricos, como a través del Instituto Nacional de Estadística, donde se puede conocer el censo anual de la población en cuestión. En este punto se hace necesario recordar las especificaciones para los distintos grupos poblacionales.

Nota

En la página web del Instituto Nacional de Estadística se pueden encontrar gran cantidad de datos sobre la población: www.ine.es.

Los servicios orientados a personas en edad escolar deben satisfacer el divertimento en la propia actividad, además de buscar una buena imagen y cuidar su salud. Entre estos servicios se encuentran actividades extraescolares deportivas, como por ejemplo *taekwondo* u otras similares.

Las personas adultas igualmente buscan mantener una buena imagen y la salud, además del valor social y dedicación del tiempo de ocio independiente a la actividad laboral. Los servicios son de lo más variado, desde planteamientos individuales, como entrenamiento con pesos libres, entrenadores personales o natación libre, hasta organización de sesiones colectivas, como *body pump,* pilates, aeróbic, etc. De hecho, ante la gran diversidad de clases grupales, son una tendencia las **actividades combo**, consistentes en mezclar dos modalidades en un mismo servicio, por ejemplo aero-latino, siendo este una mezcla de aeróbic y bailes latinos.

En cuanto a las personas mayores, el consumo de estos servicios se encamina a mejorar su salud y mantener la calidad de vida, además de ser una actividad social diferente al resto de sus relaciones. Las principales actividades demandadas son programas colectivos, como gimnasia de mantenimiento y distintos tipos de bailes. Por lo general, rehúsan de un servicio individual, salvo en situaciones específicas orientadas a la rehabilitación de alguna lesión, siendo más usual en el género masculino que en el femenino.

Los colectivos especiales discapacitados y de preparación física específica buscan un servicio muy individual y adaptado, por lo que atender sus necesidades se reduce a proporcionar el espacio y medios adecuados, si bien es cierto que la especialización de estos servicios puede suponer una diferenciación frente a la competencia.

Tras determinar el abanico de servicios a ofrecer, otro aspecto que merece una consideración especial es la forma de presentar los mismos. Es habitual que los usuarios estén dispuestos a realizar una actividad pero muestren reticencias por la forma de llevarla a cabo, principalmente por tema de horarios, o dependiendo de si es libre o dirigida, o individual o colectiva.

Aunque alguna de estas cuestiones encuentra su solución en el análisis del colectivo al que va dirigida, los servicios deben presentarse siempre que sea viable en horario de mañana y tarde, ofreciendo distintas posibilidades de agrupación, combinación de distintas actividades, etc. En definitiva, los servicios deben atender al usuario y ajustarse a ellos en la medida de lo posible.

 Aplicación práctica

En una sala de entrenamiento polivalente existen dos zonas: una de peso libre y otra de máquinas. Antonio es director técnico y monitor, mientras que Alberto tan solo es monitor. En una hora deben atender a 12 personas, de las cuales nueve van a realizar un entrenamiento de fuerza, dos son deportistas de rendimiento con su propia planificación y un cliente acude para entrenamiento personal.

¿Cómo se pueden coordinar las zonas de actividad y quién se hace cargo de cada cliente?

SOLUCIÓN (Posible solución)

Antonio se reúne previamente con Alberto y realiza un reparto de funciones. Alberto se encarga de las personas de entrenamiento de fuerza previa instrucción, y Antonio de la sesión de entrenamiento personal además de supervisar a los deportistas de rendimiento.

Antonio empezará su entrenamiento durante los primeros 20 minutos en la zona de máquinas, mientras que los cuarenta restantes emplearán la zona de peso libre. A los usuarios deportistas se les pedirá que, en la medida de lo posible, utilicen las mismas zonas que use Antonio.

Alberto dispondrá a los usuarios por tríos y, para evitar aglomeración de espacios, trabajará al contrario que Antonio: dos tríos en zona de peso libre y un trío en zona de máquinas durante los primeros 20 minutos y al revés durante los cuarenta siguientes.

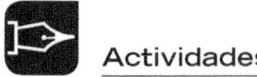 **Actividades**

1. Realice una búsqueda sobre los horarios más utilizados para las distintas actividades, diferenciando entre las individuales y colectivas.
2. Confeccione su propia encuesta sobre satisfacción del usuario, siendo de fácil aplicación y recolección de información.
3. Haga un listado de 10 posibles actividades de *fitness* y clasifíquelas en función del grupo poblacional.

3. Gestión de espacios

Las instalaciones deportivas deben organizar sus espacios teniendo en cuenta diferentes aspectos, como las características de las actividades ofertadas, asegurar el confort y la seguridad de los usuarios, además de los requisitos a cumplir desarrollados en la normativa vigente.

3.1. Zonas deportivas SEP: zona cardiovascular, zona de musculación, zona de peso libre, zona de estiramientos

Durante la estancia del usuario en la instalación, es frecuente el uso de varios espacios en la ejecución de la sesión. Este motivo no solo ha de tenerse en cuenta en el diseño de las mismas, sino también en la organización referida a recursos humanos y materiales. Si bien la coordinación entre las distintas zonas se ha comentado ya, ahora se hablará sobre la distribución y dotación de equipamientos y materiales.

El equipamiento de la zona cardiovascular debe ordenarse en función del tipo de maquinaria, de manera que, por ejemplo, todas las elípticas deben estar agrupadas en el mismo lugar, con una separación adecuada.

Las máquinas de musculación conviene organizarlas por grupos musculares, distinguiendo entre miembro superior, inferior y tronco. También hay que tener en cuenta el área necesaria para llevar a cabo el movimiento específico de cada ejercicio. De este modo, las máquinas multifunción deben tener más espacio libre alrededor, ya que los movimientos se realizan en distintos recorridos.

El material para la realización de ejercicios con peso libre se sitúa al lado de un espejo para evitar posibles desplazamientos en la ejecución. Además, se debe contar con un soporte específico para la colocación de mancuernas y discos, con divisiones en función del peso para facilitar la recogida y el orden.

La zona de estiramientos debe ser un espacio aislado, y libre de barreras arquitectónicas. Se compone de superficies blandas como colchonetas y tatami, que normalmente se suele utilizar al final de la sesión, por lo que es necesario el uso de toallas de los usuarios para prevenir la suciedad, así como una mayor atención a la limpieza de este espacio.

Ejemplo de zona de estiramientos

 Consejo

El uso de toallas y esterillas limita las marcas de sudor, que pueden generar mal olor y tacto desagradable para los usuarios.

3.2. Espacios de clases colectivas

El área de la instalación dedicada a la realización de clases grupales se caracteriza por la práctica de una gran variedad de actividades, con materiales específicos para cada una de ellas. Por lo general, la mayoría de las actividades que se desarrollan en este espacio lo hacen con soporte musical, por lo tanto es importante disponer de un reproductor con altavoces bien instalado por toda la sala.

En primer lugar, hay que determinar qué actividades son las que se van a llevar a cabo en la entidad y su organización en el horario, en función de la demanda de los usuarios y de los recursos, humanos y materiales, disponibles.

Seguidamente, establecer un ratio de sujetos por sesión, según las características de la actividad y del espacio que ocupan los materiales a utilizar. El almacenamiento de dichos materiales debe darse en un espacio accesible directamente desde la zona de práctica.

 Nota

El número de usuarios en una clase de aeróbic será mayor que en una de pilates, ya que esta última exige una mayor atención en las correcciones de la postura por parte del monitor.

3.3. Espacios de *fitness* acuático

El *fitness* acuático es una actividad divertida y creativa que se realiza de forma colectiva con soporte musical en el agua. El hecho de que se realice en el agua aumenta el número de personas a las que va dirigida, ya que incluye a sujetos que sufren alguna limitación, como problemas articulares o de sobrepeso, por la reducción de los impactos.

La instalación donde se practica es una piscina con unas características específicas en cuanto a las siguientes condiciones:

- La temperatura óptima oscila entre 27 y 29,5°, por ello, para mantener esa temperatura es importante controlar las entradas y salidas de la zona.
- La humedad del ambiente es muy alta, por lo que los monitores que están fuera del agua deben mantenerse hidratados constantemente.
- La profundidad fluctúa entre 1,05 m y 1,40 m.
- La acústica es deficiente, por lo que las indicaciones de monitores deben ser concisas y claras. Otra solución sería utilizar megafonía o pizarras explicativas.

Dentro de la zona es aconsejable limitar un espacio donde se coloca el monitor, siempre fuera del agua para poder mostrar de forma más clara los movimientos a realizar.

El equipamiento se compone de materiales que aumenten la resistencia bajo el agua, como manoplas, guantes, aletas, etc., materiales de flotación como tablas, churros, *pull boys,* etc. y materiales de lastres como tobilleras, cinturones lastrados, etc. Es importante prestar atención a la seguridad de la instalación de los aparatos eléctricos relacionados con esta actividad.

3.4. Otros espacios

En la actualidad, la cultura del bienestar y el ritmo de vida han propiciado en los últimos años que la población demande más momentos de tranquilidad, lo cual ha supuesto un auge en áreas *wellness,* que adaptan sus instalaciones con nuevas prestaciones para atender a necesidades de bienestar de la sociedad actual.

El acceso debe estar bien diferenciado, incluso es posible poseer sus propios vestuarios. Además, desde el punto de vista de gestión, la temperatura de estas zonas es un aspecto clave, por lo tanto, la separación con otras zonas es imprescindible.

Además, este tipo de espacios debe conferir un clima especialmente agradable al consumidor, a través de un entorno que genere de forma armoniosa la paz y tranquilidad que combata el estrés del que huye el cliente. Para este efecto, la decoración ha de ser con materiales elegantes, de calidad y atractivos al tacto, una iluminación natural con aplicación de luz nítida e intensa en pasillos y efectos cálidos en las estancias. Además, incorporar sonidos ambientales o música relajante es un aspecto clave.

Con asiduidad los servicios más solicitados son los baños de vapor, templos de duchas y piscinas de inmersión, con diversidad de chorros a distintas presiones, etc. Otras posibles ofertas son las saunas, los baños de barros, las duchas terapéuticas, etc.

 Nota

La incorporación de tratamientos de spa y masajes a los centros de *fitness* es una estrategia que proporciona buenos resultados en cuanto a rendimiento económico.

En lo que se refiere al personal, ha de presentar una imagen limpia y saludable, además de poseer estos conocimientos en los diferentes tratamientos y terapias. A su vez, debe contemplarse la posibilidad del género del personal, debido a que diversos tratamientos pueden requerir contacto muy personal, para el que el usuario puede desear realizar la elección sobre el mismo.

3.5. Zona limpia: recepción, accesos, oficinas

El concepto de zona limpia hace referencia a los espacios auxiliares, como son los accesos, la recepción y las oficinas. Su funcionalidad es esencial para un flujo corriente de usuarios de forma libre en la instalación.

El acceso al establecimiento debe regirse por las normativas correspondientes, asegurando el cumplimiento de las especificaciones técnicas. El control del mismo está frecuentemente realizado por recepcionistas, e incluso, en macro instalaciones, puede existir personal de seguridad. Es imprescindible que este puesto no se encuentre vacío por la seguridad de la instalación, pues es necesario la vigilancia y control de aforo, y por la imagen de la entidad, ofreciendo un trato directo en la llegada del usuario al local.

El espacio dedicado a la recepción es un aspecto fundamental, pues se encarga de multitud de funciones: control de accesos, administración, atención a los usuarios, cobros, organización de taquillas, etc. Al ser el punto inicial y final del cliente de estancia en la instalación, ofrece una localización idónea para acciones de promoción y ventas de productos asociados a los servicios propios de la instalación, como el caso de complementos de vestuarios, vendas y protecciones articulares, bebidas y alimentos, etc.

De igual modo, suele utilizarse para la evaluación de la satisfacción de los usuarios y es donde estos concurren para obtener información y presentar sus diferentes sugerencias o quejas. De ahí, que el personal encargado de estas funciones deba tener buenas capacidades en el trato con los clientes.

La recepción debe conectar los espacios deportivos y otros similares, como el tratamiento spa, nutrición, médicos, etc., con los accesos y vestuarios. Es posible que para este tipo de servicios se ocasionen esperas. Por ello, si las dimensiones lo permiten, es conveniente disponer de un espacio con asientos y revistas que hagan de la espera un rato ameno.

 Consejo

Incorporar a la sala de espera elementos publicitarios sobre complementos es una estrategia muy válida para la venta de productos asociados al servicio deportivo.

En cuanto a las oficinas su emplazamiento debe conectar con la recepción a ser posible, y deben tener una presentación adecuada para recibir a clientes y empleados. De hecho, en este tipo de espacios es conveniente disponer de una sala o espacio dedicado a las reuniones. Los despachos de administración permiten una mayor organización y liberan a la recepción de ocupación y almacenamiento de aspectos burocráticos.

3.6. Zona médica: consultas, tratamientos, rayos uva

El espacio de la entidad con fines terapéuticos normalmente cuenta con una consulta médica, en la cual se llevan a cabo reconocimientos médicos, para evaluar la situación de los sujetos, pruebas para el diagnóstico de lesiones, así como intervención de posibles accidentes o lesiones ocasionadas durante las sesiones de ejercicio.

Otro servicio que se oferta habitualmente en la zona médica es el tratamiento de fisioterapia, tanto para la prevención de lesiones a través de masajes de descarga muscular, estiramientos y ejercicios de movilidad articular, como para el tratamiento de alguna patología concreta. Se trata de una terapia fácil de instaurar, ya que se necesitan pocos recursos, y es un complemento muy importante a la actividad física.

 Nota

Los masajes deportivos son recibidos de buen grado por los clientes, y la instauración de este servicio no es costosa: zona con camilla y personal cualificado.

En la sociedad actual, se observa un aumento de la preocupación por el aspecto personal, y es uno de los motivos por el que los usuarios practican ejercicio. Este hecho conlleva a la inclusión de servicios relacionados con la estética, como por ejemplo los rayos UVA, y la nutrición. La oferta de estos servicios supone un coste elevado para el usuario, lo que exige la contratación de personal altamente cualificado, por lo tanto es frecuente contratar este servicio de forma externa.

3.7. Otros espacios: cafetería

El concepto de *fitness* contiene una dimensión social y de ocupación de tiempo de ocio muy característica, de ahí la importancia de incluir servicios auxiliares dedicados a tales fines, los cuales garantizan y adhieren al producto un valor añadido, obteniendo un buen recibimiento por parte de los usuarios.

En este sentido, la disposición en el centro deportivo de un bar-cafetería es una estrategia para aumentar la cantidad de tiempo que pasa el cliente en la instalación lo que, como consecuencia directa, aumenta la probabilidad de ser consumidor de algún servicio. Además, el efecto socializador que se genera previamente o al finalizar la actividad contribuye a afianzar un ambiente cálido, lo que es bueno para la imagen de la empresa.

Por otra parte, este tipo de espacios confieren un clima especialmente cercano, muy útil para, de forma directa y cálida, tratar aspectos importantes, como la incorporación de un nuevo cliente, la fidelización del mismo, ofertar mayores servicios, recompensar esfuerzos, etc. Es por todo ello que existen entidades que reciben al potencial cliente, le guían por la instalación mostrándole los servicios que se ofrecen y, para finalizar, le invitan a tomar algo en la cafetería, donde profundizan sobre los aspectos menos atractivos, como el precio, los horarios, etc.

Un punto clave a tratar es la forma de instaurar esta sección en la empresa, para lo cual se establecen tres formas: gestión directa, gestión indirecta y gestión mixta. En la primera de las opciones, la entidad debe configurar dentro de su organigrama los puestos necesarios para realizar las labores propias, principalmente encargado y, al menos, un camarero, así como incluir en el presupuesto sus correspondientes balances y destinando sus partidas correspondientes. La gestión indirecta es proporcionar el espacio a un tercero que promueva y se ocupe de la totalidad del negocio. Por último, la opción mixta puede suponer una solución intermedia, participando de forma presupuestaria en el negocio, pero siendo una persona externa quien gestione el mismo. Cualquiera de estas opciones es válida, y debe ser el análisis de diagnóstico el que determine la adecuada para cada empresa.

Aplicación práctica

En una pequeña instalación con un espacio deportivo único con forma rectangular y dos columnas en su mitad, se han de organizar distintas zonas con sus correspondientes equipamientos. En total se dispone de: 2 cintas de correr, 1 remoergómetro, 2 bicicletas estáticas, 2 pórticos, 1 soporte para press banca, 1 barra de dominadas, 1 espejo, 1 banco, mancuernas y discos, 5 *fitball*, 4 esterillas y 2 pizarras para indicar sesiones. Señale cada zona e incluya su equipamiento correspondiente.

SOLUCIÓN (Posible solución)

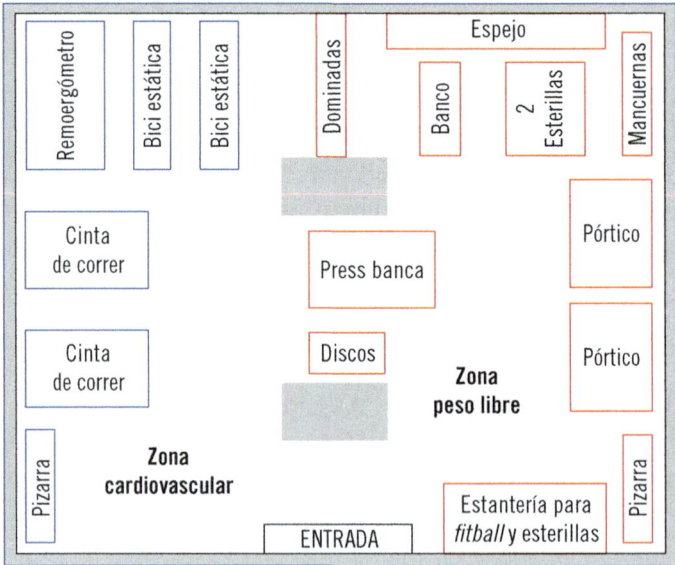

Actividades

4. Organice la ruta por las diferentes zonas de actividades por usuarios de entrenamiento personal y actividad de peso libre durante una hora.
5. Indague por la red en busca de los servicios auxiliares más recurrentes en salas de *fitness.*

4. Organización y gestión de los recursos

La eficacia en la prestación de los servicios es fundamental para generar beneficios, que es la finalidad de una empresa. Un aspecto esencial que garantiza el buen curso de la actividad es organizar los recursos disponibles, evitando duplicidad y vacíos de funciones.

4.1. Organización de los recursos humanos propios de la SEP

La necesidad de coordinación del personal propio de una sala de entrenamiento polivalente es proporcional al tamaño de la misma, siendo más fácil su ejecución cuando las dimensiones son pequeñas y, por ende, el número de personas dedicadas a este fin también. Sin embargo, conforme aumentan las posibilidades de ofrecer distintas actividades, lo hace de igual forma la complejidad de la organización.

Por lo tanto, a la vez que se define el programa de servicios, le corresponde al director técnico cuantificar cuántos monitores son necesarios para llevarlo a cabo, así como la disposición de los mismos (por hora, por actividad, media jornada, jornada completa, etc.), y posteriormente realizar las convenientes pruebas de selección, donde debe primar la titulación específica para las funciones pretendidas, y un perfil de candidato ajustado a la misión y los valores de la entidad. Este proceso conviene efectuarlo de manera rigurosa para evitar futuros problemas durante el desarrollo de la actividad.

Nota

Algunas empresas ofrecen la posibilidad a personal externo de entrenar a sus clientes en las instalaciones mediante el alquiler de la misma y el pago de matrícula.

Entrando en las concreciones necesarias para seleccionar a los monitores, es perentorio conocer y disponer de la correspondiente titulación mediante la federación específica, y someterlos a periodos de práctica o de pruebas. En lo que se refiere a la experiencia del monitor, debe ser valorada, pero sin caer en valorarlo como aspecto indispensable, ya que esto irá en función de la empresa y los clientes. Ofrecer oportunidades a personas con motivación suficiente y con poca experiencia previa puede ser muy positivo, dado que se van a esforzar más. Por otro lado, también es un punto positivo la seguridad de una persona con experiencia que, a lo largo del tiempo, ha ido construyendo su método. Por último, la imagen proporcionada debe ser acorde al servicio. No se trata de tener un modelo de belleza pero sí una relación lógica entre los esfuerzos y valores de vida saludable entre el servicio y el monitor.

Atendiendo al reparto de tareas dentro de la misma sala de entrenamiento, es usual encontrar la plantilla de monitores ordenada en función de las zonas, insistiendo en el tamaño de las mismas, porque en caso de zonas reducidas es frecuente disponer de un monitor para el espacio de peso libre, máquinas, cardiovascular y estiramientos. Como se ha expuesto anteriormente, en servicios más personalizados se puede seguir una asignación de un monitor por uno o varios usuarios.

Con respecto a la relación monitor y usuarios, una ratio usuario-cliente intermedia entre calidad y beneficios sería un monitor cada seis-ocho usuarios, en actividades individuales o de pequeñas agrupaciones, y de un monitor cada veinte usuarios, en clases colectivas. Por encima de estos números, la calidad de la sesión disminuiría notablemente, y si se plantean ratios inferiores, el servicio es de mayor calidad, por lo que deberá ser de mayor coste para el usuario.

De igual forma, es especialmente conflictiva la previsión de las franjas horarias de mayor ocupación de la instalación y la conjunción de diversos servicios en las mismas zonas, como puede ser el entrenamiento libre, entrenador personal y el entrenamiento funcional. Esto hace necesario una adecuada distribución del espacio y coordinación entre monitores, para que el usuario no tenga que realizar tiempos de espera. Para este fin, una estrategia útil es la segmentación del espacio y material, con lo cual el monitor conoce los medios disponibles para organizar la sesión de entrenamiento.

 Recuerde

Una ratio intermedia de usuario-cliente es la de un monitor por cada seis-ocho usuarios, en actividades individuales o de pequeñas agrupaciones, y de un monitor por cada veinte usuarios en clases colectivas.

Resumiendo, la actuación de un monitor debe abarcar la recepción del usuario en la sala de entrenamiento, la exposición del objetivo y contenido de la sesión que se va a realizar, seguido de la ejecución de la puesta en marcha, la parte principal y la finalización de la sesión. Es importante estar disponible para cualquier tipo de ayuda o duda que le surja al usuario, así como proporcionar seguridad en la realización de las actividades, más si cabe si son nuevas. Desde el punto de vista motivacional, se ha de procurar establecer un clima entre el placer por realización del ejercicio y la exigencia para no obviar los objetivos propuestos. Es un valor añadido al servicio una buena compenetración entre el cliente y el monitor.

4.2. Coordinación con los técnicos de las otras áreas de *fitness*

Estas prácticas requieren de un trabajo sinérgico entre los monitores, que normalmente está guiado por el director técnico, aunque es posible que este decida ser supervisor y delegar en los monitores dicha tarea. Además, se ha de tener en cuenta que estas acciones tan solo se han de llevar a cabo en servicios más abiertos de entrenamientos porque, en otros más cerrados, (entrenamiento personal, pilates, karate, etc.) la actividad está predeterminada en el espacio y medios a usar.

Con vista a asegurar un trato de calidad al cliente, en servicios donde existan monitores rotativos, la transición entre ambos debe estar medida evitando tiempos de espera y guiando al usuario a su nuevo destino, aunque es probable encontrar situaciones inevitables de espera. Para ello, es conveniente proporcionar un espacio, bien sea en la sala de estiramientos u otra de características similares, para continuar con la ocupación del tiempo.

El curso general que sigue esta organización distingue varias fases. Las iniciales suelen realizarse en la zona cardiovascular, para posteriormente pasar a la parte principal, que utiliza las zonas en función de los objetivos, por lo que es muy probable el uso de varios espacios (peso libre, máquinas, vasos de piscina, cardiovascular, etc.). Para finalizar, el espacio más recomendado es la zona de estiramientos, que por su diseño y confort invita a la vuelta a la calma del organismo.

 Consejo

En la zona cardiovascular es conveniente dejar espacio libre para la realización de estiramientos, además de por motivos de seguridad.

El auge que viven en la actualidad las clases colectivas ha convertido este tipo de servicios en un punto de reflexión, principalmente para directores técnicos y monitores, que deben diseñar estrategias para personas que desean consumir un par de veces al día, o varias veces a la semana. Entre las estrategias destacan las ya comentadas **actividades combo.**

Por todo lo anterior, la planificación y el diseño de las actividades se han de realizar de manera conjunta entre los distintos monitores o encargados de zonas. Al ser un servicio general, es usual realizar dicha planificación de forma global, siendo el propio monitor quien la ajusta a las necesidades y posibilidades del cliente. Frecuentemente hay que establecer rutinas para diferentes grupos poblacionales, para objetivos determinados, para periodos temporales, etc.

Del mismo modo, en el caso de existir servicios adicionales, tales como especialistas en nutrición, fisioterapeutas, médicos, etc., la coordinación entre los monitores y los encargados de estos servicios ha de asegurar cumplir con las demandas del cliente, y más aún en estas situaciones porque suelen ser complementos de mayor coste para el usuario y, por lo tanto, su exigencia con el mismo es mayor.

4.3. Confección y control de presupuestos

La gestión económica debe tener como finalidad la valorización de la empresa en el ambiente de todos los negocios, el afianzamiento de su participación en el mercado, la progresión de su eficiencia, el estímulo de la productividad y la retribución conveniente a los inversores.

Con este panorama, la confección del presupuesto consta de un conjunto de etapas sucesivas que deben cumplirse forzosamente en el tiempo, y destaca por ser un proceso dinámico y necesitado de análisis continuamente. A continuación, se detallan las distintas etapas.

Formulación

Esta fase comprende un diagnóstico de la realidad de la organización en su conjunto y sus proyecciones para el futuro. Se realiza mediante una estimación de ingresos a partir de los cuales se determinan los gastos para cada sección (administración y *marketing,* deportiva, mantenimiento, etc.).

Allí serán los encargados de área los que presenten sus diversos informes acompañados de una justificación expresando sus peticiones y necesidades para efectuar sus proyectos. Esta etapa finaliza al publicarse el presupuesto para un ejercicio (generalmente un año o seis meses).

De forma general, para empresas dedicadas al ámbito del *fitness,* los conceptos que deben figurar son los siguientes:

- Ingresos:

  - Capital inicial
  - Ventas de matrículas
  - Ventas de actividades y otros servicios

- Gastos:

  - Inversión inicial, se refleja puesto que la finalidad es recuperar con beneficios dicha inversión.
  - Amortización y créditos bancarios si los hubiera.
  - Gastos de personal, de seguridad social y de hacienda.
  - Equipamientos y materiales.
  - Otros gastos: luz, gas, agua, telefonía, alquiler, etc.

- Balance:

  - Global
  - Por sección

Discusión y aprobación

El presupuesto de la etapa anterior emite un documento borrador, el cual se ha de presentar y moderar ante las personas con competencias decisivas (socios, gerente, director técnico, etc.) respecto al mismo, para llevar a cabo su ajuste y posteriormente proceder a su aprobación.

 **Nota**

La discusión y aprobación del presupuesto es una fase determinante, y los criterios a seguir deben ser los objetivos marcados por la empresa.

Ejecución y control

Una vez aprobado el presupuesto, el siguiente paso es llevarlo a la práctica. Para ello, es imprescindible contar con una organización y dirección adecuada. En empresas pequeñas todo se realiza desde una misma caja, sin embargo, en entidades mayores cada área puede llevar su caja correspondiente. En síntesis, en esta fase se ejecutan los proyectos que anteriormente se han presupuestado.

Evaluación

Cada cierto periodo de tiempo se realiza una comparación entre lo presupuestado y lo realmente realizado. La evaluación consiste en determinar el grado de cumplimiento del presupuesto y en el análisis de las causas de las variaciones. De manera pragmática, el control se realiza mediante la composición de un ejercicio, con revisiones mensuales del balance de gastos e ingresos de lo presupuestado.

4.4. Gestión de materiales y almacenes

El inventariado debe estar listo al configurar el programa de servicios ofertados, debido a que, mediante este, se identifican los materiales necesarios para efectuarlo. Por lo tanto, corresponde al director técnico especificar cantidades y condiciones técnicas del mismo. En cualquier caso, ante la incorporación de una nueva actividad, el proyecto debe adjuntar necesidades materiales. La compra y recepción del material puede delegarse en recepcionistas o personal de administración.

El puesto de monitor ha de velar por el estado y conservación del material, puesto que es un elemento que indica la calidad del servicio y él está en permanente contacto con dichos materiales. Tareas sencillas de mantenimiento, como la lubricación de máquinas, enfundar implementos una vez usados y otras similares, son cotidianas para los empleados en este cargo.

De hecho, las incidencias o necesidades sobre los equipamientos deben ser competencia de los monitores. Así, mediante una comunicación verbal o por escrito harán constar los déficits que presenta el inventariado. El orden en las salas debe ser una tarea conjunta entre monitores, usuarios y personal del mantenimiento.

En cuanto a los almacenes, deben encontrarse ordenados y de manera estable, para evitar riesgos y permitir accesibilidad al equipamiento. Además, se ha de tener en cuenta que en estos espacios pueden confluir materiales deportivos, de oficina, de limpieza, etc., por lo que, al ser una zona de uso de múltiples personas, puede generar fácilmente un desorden caótico. Las revisiones han de garantizar el orden, además de inspeccionar el buen estado de los productos. Se recomienda una periodicidad mensual.

Especialmente requieren atención en esta zona las instalaciones con vasos de piscina que necesitan productos químicos, y, de forma general, productos de limpieza de delicada conservación. Han de estar almacenados en su embalaje original, convenientemente cerrado, en una posición estable para evitar derrames, en lugares secos y protegidos contra la humedad. A su vez, se ha de impedir el contacto o cercanía a fuentes de calor, como por ejemplo las calderas. Se recomienda una revisión con periodicidad mensual.

 Recuerde

Los almacenes son espacios donde confluyen materiales deportivos, de oficina, de limpieza, etc. y, al ser una zona de uso de múltiples personas, se pueden provocar fácilmente desórdenes.

4.5. Optimización del material en instalaciones de *fitness*

El ámbito del *fitness* está en estado permanente de innovación en técnicas y métodos de entrenamiento, que vienen acompañados en su mayoría de novedosos materiales y equipamientos con un diseño muy seductor de cara al consumidor. Esto supone una serie de ventajas que se resumen en lo atractivo que puede ser realizar la actividad, pero también tiene sus desventajas, como el coste económico que se deriva de la adquisición del mismo.

Bajo esta perspectiva, el inventariado debe ser lo más ambicioso posible sin olvidar los límites propiciados por los recursos económicos. Y es precisamente aquí donde cobra importancia el aprovechamiento máximo de los materiales para los diferentes servicios. Una adecuada organización del horario de actividades permite reducir considerablemente el gasto en inversión de equipamientos, a través de la reutilización de materiales en distintos servicios, como, por ejemplo, distribuir las clases colectivas de aeróbic y *body pump* en distintas franjas, con la mitad de *steps* de los que habría si ambas estuvieran en el mismo horario.

De igual forma, el estado de conservación de los materiales es una tarea importantísima que puede generar ahorros al final de cada ejercicio. Con este fin es conveniente seguir las instrucciones de uso y conservación al adquirir dichos materiales, así como ser rigurosos en la revisión del inventariado.

En la actualidad, el concepto de *leasing* (alquiler con derecho a compra) es una estrategia muy utilizada para este sector en lo referente a maquinarias y otros materiales de coste elevado. Esto significa que se crea un contrato con la empresa distribuidora, que cede los aparatos a cambio del pago de una cuota del alquiler y, al finalizar el mismo, se puede o adquirir el bien en propiedad, pagando la cantidad restante, o devolverlo o prorrogar el contrato con otro equipamiento más novedoso.

Por último, gracias a la individualización y accesibilidad que posee el usuario al mercado de productos y materiales específicos de *fitness,* es posible encontrar actividades en las cuales el cliente prefiera usar su propio implemento, por ejemplo, las esterillas para estiramientos y abdominales. La empresa puede invitar a las personas a tal efecto, siempre garantizando que, en ausencia del mismo, se hará cargo de proporcionarlo, contribuyendo de esta forma a alargar la vida útil de material de la entidad.

 Aplicación práctica

Elena tiene que realizar una selección de personal para un servicio de nueva implantación, aerobic en su centro de *fitness*, con el fin de entregarle al director técnico un informe sobre los posibles candidatos. ¿Qué aspectos debe valorar? Justifique la respuesta.

SOLUCIÓN (Posible solución)

La actividad a incorporar es colectiva, y sus usuarios son generalmente mujeres jóvenes de edad adulta, que por lo general pueden preferir una monitora. El horario en el que se va a desarrollar, por el tipo de población, es fundamentalmente a media mañana o tarde, y requiere de conocimientos específicos de la actividad con soporte musical. Al ser de nueva implantación, la experiencia y la imagen son aspectos a tener en cuenta para un servicio óptimo.

Resumiendo, se debe categorizar a los candidatos en función de: titulación específica y con disponibilidad en horario de media mañana y tarde. En otro orden, la experiencia, la imagen y de género femenino.

 Actividades

6. ¿Qué criterios seguiría si tuviese que realizar una selección de personal para una actividad colectiva con soporte musical?
7. Busque si existe alguna plantilla para la confección de un presupuesto y de un inventariado.
8. ¿Qué doble utilidad le daría a una banda elástica dentro del programa de actividades colectivas?

5. Control y mantenimiento

Llevar a la práctica el plan de mantenimiento de la instalación es una tarea imprescindible. En primer lugar, porque garantiza la calidad y la correcta adecuación de la misma para ofrecer un servicio idóneo; y en segundo lugar, debido a que puede suponer un considerable ahorro en la adquisición y reposición de nuevos equipamientos y materiales.

5.1. La agenda de control del trabajo: histórico de acciones realizadas, trabajos pendientes

El concepto de agenda hace referencia a la ordenación de las acciones con referencia al tiempo, es decir, una agenda de control está formada por un documento donde se recogen los contenidos ordenados por su referencia: instalación, equipamiento o material, servicio, etc.; y por el tipo de espacio: deportivo, auxiliar o complementario. Además, refleja la periodicidad con la que se han de ejecutar las acciones: diaria, semanal, mensual, trimestral, etc., así como el encargado de realización y comprobación del mismo cuando esté finalizada.

Una herramienta muy útil para la elaboración de la agenda de trabajo es el uso de la ofimática. Existen aplicaciones con sus respectivos calendarios, con la ventaja de crear alarmas que notifiquen las acciones próximas a realizar. De esta forma, este proceso, que requiere constante revisión y anotación, se lleva a cabo de manera dinámica.

Para una adecuada revisión de las tareas anotadas, el gerente debe comparar la agenda de trabajo con las sugerencias o quejas presentadas por los clientes. De esta manera, puede crear un índice entre tareas solucionadas y total de tareas, estableciendo un indicador sobre la calidad que se presta en estas acciones, además de comprobar el tiempo transcurrido entre el problema y la solución.

 Definición

---

Indicador de la calidad
Un indicador de la calidad del proceso de mantenimiento es el índice entre tareas solucionadas y total de tareas.

Normalmente, los servicios de limpieza y mantenimiento son subcontratados a través de empresas externas. En estos casos, es muy importante designar a un encargado de supervisar las tareas dedicadas a tal efecto, con el objeto de verificar que las acciones se llevan a cabo tal y como se desea desde la dirección del centro. El perfil adecuado para esto puede ser el gerente, o incluso el personal de recepción, si la instalación no es muy grande.

5.2. Plan de actuación anual: interpretación de las directrices a seguir durante el año

Las acciones a realizar no están sujetas a orientaciones aleatorias. Con vistas a un correcto funcionamiento, han de haber sido guiadas por una serie de criterios, que de forma conjunta crean el plan de actuación anual. El tiempo que se dedique a completar este plan tendrá sus beneficios a la hora de saber qué y cómo hacer durante el día a día, y más aún cuando surjan imprevistos.

En función de las organizaciones, este plan de actuación puede estar enmarcado dentro de una planificación más amplia, normalmente en planes de cuatro años, o suponer en sí mismo el mayor grado de planificación, en el aspecto que se trata.

Una consecuencia directa del plan de actuación anual, además de la elaboración de proyectos que se detallan a posteriori, es la creación del calendario anual y mensual. Esto consiste en indicar las fechas más importantes de forma preestablecida, de tal manera que se limiten los periodos de planteamiento, ejecución y evaluación.

5.3. Subplanes: formación, presupuestos, plan de riesgo

En la jerarquía inmediatamente posterior al plan anual de actuación se encuentran los proyectos, que son acciones estructuradas sobre un aspecto concreto.

Proyectos de formación

Un elemento clave en el dinamismo en el que está inmersa una empresa de servicios es la formación del personal. Los aspectos a tratar son muy diversos, aunque siempre deben ir encaminados a la mejora final del desarrollo de la actividad por parte del empleado. Se puede diferenciar ente distintos tipos:

- **Formación interna.** Hace referencia a conocimientos sobre el funcionamiento de la propia empresa, y es la utilizada para personas en puestos de prácticas. Por ejemplo, cómo elaborar un informe de inventario, pasar una encuesta de satisfacción al cliente, etc.
- **Formación técnica.** Temáticas relacionados con el aprendizaje y reciclaje de nueva técnicas y métodos para un mejor desarrollo de la actividad. Por ejemplo, cursos de nuevas tendencias en el entrenamiento de la fuerza, utilización de herramientas ofimáticas para administración, limpieza de materiales y equipamientos deportivos, etc.
- **Formación en gestión.** Aspectos que busquen mejorar el procesamiento de la empresa en general y el tratamiento con los clientes y empleados. Por ejemplo, habilidades para la gestión de personas, aspectos jurídicos-laborales, formación en *marketing,* etc.

 Sabía que...

Existen cursos ofertados por el Estado español y la Unión Europea para la formación de los empleados, y que estos pueden estar bonificados con respecto a la Seguridad Social.

La formación puede realizarse mediante diversos métodos, bien durante el tiempo de trabajo o fuera del mismo. La primera opción es la más utilizada cuando se quiere preparar a un empleado para un posterior ascenso. La segunda es el proceso más corriente en el ámbito de formación. En la actualidad, existen multitud de cursos estándar para llevarlos a cabo de forma presencial u *online,* incluso es posible concertar cursos exclusivamente para el personal de una empresa.

Proyectos de presupuestos

Al igual que otros aspectos, los establecimientos de metas u objetivos en plazos de tiempo pueden tener una finalidad económica.

En tales condiciones, es aconsejable iniciar estrategias para crear una fuente de ingresos que se dedique únicamente a fines concretos, como por ejemplo, reducir la cuota bancaria de un préstamo, reducir el tiempo de amortización de maquinarias que están generando beneficios y aceptación en los usuarios, etc., debido a que estas acciones pueden contribuir a reducir gastos en el ejercicio anual y, por ende, en el presupuesto global.

 Consejo

Un porcentaje inicial de un 20 % para la amortización de préstamos bancarios por ejercicio es una buena opción, debido a que supone unas expectativas reales y fáciles de alcanzar.

En ocasiones, estas decisiones requieren de un presupuesto inicial para ponerlas en marcha. Por este motivo, en la fase de formulación del presupuesto general es conveniente establecer cantidades que permitan estas iniciativas. Por otra parte, gracias al proyecto de presupuesto se diseña un informe, donde se especifica la cantidad que es necesario invertir, con su correspondiente desglose por conceptos (personal, material, etc.), y, por otra parte, las previsiones de ingresos que se generarán.

Proyectos de plan de riesgos

Cualquier accidente, enfermedad o daño derivado de la actuación laboral y del servicio prestado puede suponer un elevado coste para el propio damnificado, el trabajador y la empresa en cuestión.

Es por ello que existen razones, no solo económicas, como son las de tipo moral y éticas, por las que se debe salvaguardar el correcto funcionamiento, y así prevenir posibles riesgos derivados del mismo.

Atendiendo al marco legal, cualquier organización debe prestar sus servicios ofreciendo unas condiciones óptimas a sus trabajadores, con su correspondiente alta en la seguridad social, y a sus usuarios, donde se recomienda la contratación de un seguro de responsabilidad civil.

Para proporcionar un marco seguro durante la realización de actividades es preciso contar con un monitor que guie la práctica, y en el caso de que esta sea libre, realizarla con la información correspondiente (normas de uso y especificaciones técnicas). De forma general, se debe tener en cuenta:

- Incendios y explosión:

  - Señalización
  - Disponer de extintor

- Electricidad o riesgo eléctrico:

  - Señalización

- Sustancias nocivas o peligrosas:

  - Señalización

- Caídas de objetos, caídas o golpes contra objetos:

  - Previsión de espacio y circulación por el mismo.

■ Manipulación de cargas:

    ▪ Uso de técnicas recomendadas.

    ▪ Usar protecciones o implementos si fuera necesario.

5.4. Mantenimiento preventivo y correctivo: periodicidad y técnicos responsables

El mantenimiento es una tarea esencial si se quiere optimizar la instalación y los equipamientos, generando ahorros y procurando la calidad del servicio.

En función de la dimensión de la empresa, se podrá crear un área de mantenimiento, aunque también puede no existir dicha área.

Las tareas de mantenimiento son variadas y requieren de una atención especializada, por lo que es necesario el uso de una organización donde figure el histórico de acciones realizadas y trabajos pendientes.

Aunque el registro se lleva a cabo entre todo el personal, será el encargado de mantenimiento quien revise sus anotaciones y cumplimiento, o en su defecto, el gerente.

En cualquier caso, el personal de la entidad debe participar en la medida de lo posible en estas tareas, y de forma más concreta, en sus áreas de actuación.

Es decir, el personal de recepción atenderá a los accesos, vestíbulo y almacenes; los monitores, a las zonas deportivas donde realicen sus funciones y a los almacenes; el gerente o personal de administración, a las oficinas; el personal de limpieza, a los vestuarios y almacenes, etc.

En el manual se refleja la periodicidad de revisiones en cuanto a la instalación y los distintos tipos de espacios.

Revisión de espacios complementarios

ESPACIOS COMPLEMENTARIOS AUXILIARES

Perioricidad		Diaria	Semanal	Mensual	Semestral	Anual	Situaciones especiales
Recepción	Pavimentos				X		X
	Mobiliario				X		
Circulaciones	General	X		X			
	Pavimentos				X		X
	Protecciones de seguridad			X			
	Señalización	X				X	
Aseos y vestuarios	Pavimentos	X		X			
	Grifería	X					
	Electricidad	X					
	Revestimientos				X		
	Taquilla/ Bancos				X		
	Señalización	X				X	

Revisión de espacios acuáticos

VASOS DE PISCINA

Perioricidad	Diaria	Semanal	Mensual	Semestral	Anual	Situaciones especiales
Pavimento	X		X			
Escalas, escaleras y barandillas		X	X			
Líneas de calle			X			
Plataformas de salida		X	X			
Placas de giro		X	X			
Equipamiento fuera de uso			X			

ESPACIOS DE TRATAMIENTOS CORPORALES Y SPA

Perioricidad	Diaria	Semanal	Mensual	Semestral	Anual	Situaciones especiales
Pavimento	X		X			
Escalas, escaleras y barandillas		X	X			

Revisión de espacio *fitness* y almacenes						
EQUIPO DE *FITNESS*						
Perioricidad	Diaria	Semanal	Mensual	Semestral	Anual	Situaciones especiales
Pavimento				X		X
Máquinas de musculación		X				
Equipamiento fuera de uso			X			
ALMACENES						
Perioricidad	Diaria	Semanal	Mensual	Semestral	Anual	Situaciones especiales
General		X	X			

5.5. Limpieza y desinfección: periodicidad y técnicos responsables

En todo servicio ha de establecerse un sistema de limpieza y desinfección programado y periódico, que incluya todos los espacios, maquinaria y materiales, determinando aquellos que son especiales, con el objeto de prestarles una mayor atención.

De esta manera, es necesario incluir un programa de limpieza en el plan de mantenimiento, especificando la frecuencia, los procedimientos, y productos utilizados, así como el personal responsable.

El programa debe constar de las siguientes fases:

- **Fase 1.** Definición de las necesidades de limpieza y desinfección de los distintos espacios, equipamientos y materiales. Petición de materiales y productos, y por último, asignar tareas entre el personal.
- **Fase 2.** Desarrollar los métodos de limpieza y desinfección en función de la zona o material sobre el que se va a ejecutar, detallando las herramientas y los productos químicos que se necesitan.
- **Fase 3.** Estos programas se han de planear con tiempo, estableciendo los requisitos de higienizaciones diarias, semanales, mensuales y anuales. Además, han de configurarse junto a los horarios de actividades para no interrumpir o coincidir con el servicio.

Ficha de limpieza			
	Perioricidad	**Personal**	**Realizar**
Recepción y vestíbulo	Diaria		
Circulaciones	Diaria		
Aseos y vestuarios	1 - 2 veces al día		
ZD - salas	Diaria		
ZD - acuáticas	Diaria		
Almacenes	Mensual		
Calderas	Trimestral		
Oficinas	Diaria		

■ **Fase 4.** Jerarquizar y repartir las funciones del programa entre el personal, encargado de ejecutar el programa de limpieza y desinfección, y el supervisor, que vela por la correcta aplicación del programa mediante las pertinentes revisiones y control de la agenda de trabajo. En esta tarea puede ser necesaria la implicación del gerente, valorando si los métodos utilizados están siendo efectivos en relación a la calidad y costes de su aplicación.

■ **Fase 5.** Anotación y registro de las tareas realizadas. En este apartado, deben figurar las correspondientes acciones ejecutadas, como las necesidades que vayan surgiendo, como por ejemplo, la escasez de productos de limpieza y desinfección.

Cabe recordar que la limpieza, más aún en zonas como los vestuarios y aseos, es un aspecto muy valorado por los usuarios; es un valor de calidad de la empresa.

 Actividades

9. Elabore un calendario anual donde se reflejen las fechas más importantes del plan anual de actuación.
10. Haga un modelo de *checklist* para la comprobación de la limpieza en los aseos y vestuarios.

Aplicación práctica

Carmen ha emprendido un negocio, un centro de *fitness.* Entre sus servicios, cuenta con
clases colectivas de pilates, *body pump* y zumba, entrenamiento personal, tratamiento
de estética, masajes con terapias orientales, sauna y duchas de hidroterapia. Decide
contratar un servicio externo para el mantenimiento y la limpieza.

¿Qué herramienta puede utilizar para realizar un control de las tareas, y cómo se
controlaría? ¿Qué ventajas puede tener este servicio?

SOLUCIÓN (Posible solución)

Para el control de las tareas de mantenimiento, lo más usual es la agenda de trabajo, y el
gerente o recepcionista se encarga de su custodia. Se anota el mantenimiento a realizar, y
como comprobación se firma por parte del servicio externo que ejecuta la acción.

En cuanto al servicio de limpieza, se hará mediante *check list* y comprobación directa.

Las ventajas es un menor gasto de personal en la plantilla, y frente a la contratación de
una persona para estas labores, en caso de ponerse enferma o estar de vacaciones el
servicio se sigue proporcionando.

6. Resumen

La gestión de una sala de entrenamiento polivalente depende fundamentalmente de cuatro aspectos: el usuario, las actividades, los recursos disponibles
y la instalación, y ha de ser considerado como un proceso que se retroalimenta
por ensayo-error.

En cuanto a los usuarios, es necesario realizar un análisis que determine las
posibilidades reales de los potenciales clientes y qué demandan. Los posibles
cambios o mejoras en todo proceso pueden llegar por cualquier elemento del
mismo y, en este sentido, el cliente debe percibir y poder participar mediante
su opinión y/o valoración durante el mismo.

Las actividades deben disponer de una organización adecuada y contar con un espacio y unos equipamientos específicos en función del tipo de actividad o zona: cardiovascular, peso libre, máquinas, clases colectivas, acuáticas, etc. Por otra parte, el personal encargado en cada una de ellas ha de tener una orientación al fin de la misma.

Profundizando sobre la gestión de los recursos disponibles, destaca la dirección del personal, donde la selección y guía son aspectos muy importantes. Asimismo, el material es un elemento clave en estas actividades.

Atendiendo a los medios económicos, la realización de un presupuesto confiere una aproximación real entre los deseos de la empresa y las posibilidades reales de la misma.

Por último, la instalación necesita de un mantenimiento y control, que requiere multitud de tareas. La creación de una agenda de trabajo permite corroborar el histórico de acciones llevadas a cabo e indicar futuras a realizar. Determinar un plan de actuación anual es primordial, donde incluir proyectos encaminados a la formación del personal, previsión de riesgos y acciones presupuestarias. Del mismo modo, los servicios de mantenimiento y limpieza han de ejecutarse en función de los requerimientos de la instalación y los equipamientos.

Ejercicios de repaso y autoevaluación

1. **De las siguientes frases, indique cuál es verdadera o falsa.**

   a. El horario de mediodía y el nocturno son los de menor ocupación de la instalación.

   ☐ Verdadero
   ☐ Falso

   b. La media mañana es idónea para establecer actividades para personas mayores.

   ☐ Verdadero
   ☐ Falso

2. **De las siguientes frases, indique cuál es verdadera o falsa.**

   a. El monitor se encarga de programar, dirigir e instruir actividades de acondicionamiento físico.

   ☐ Verdadero
   ☐ Falso

   b. El director técnico se encarga de programar, dirigir e instruir actividades de acondicionamiento físico.

   ☐ Verdadero
   ☐ Falso

3. **Relacione las distintas quejas con su correspondiente forma de expresarlas en relación a la valoración de un usuario:**

   a. Anónima
   b. Pública

   __ Horario
   __ Monitor

___ Otros usuarios
___ Limpieza y confort

4. Señale las características para el tipo de servicios según las distintas poblaciones:

Población	Horario más frecuente	Individual	Colectiva
Edad escolar			
Personas adultas			
Personas mayores			
Colectivos especiales			
Deportistas			

5. Complete los espacios con palabras:

Las máquinas de _____ conviene organizarlas por grupos _____, distinguiendo entre miembro _____, _____ y tronco. También hay que tener en cuenta el área necesaria para llevar a cabo el _____ específico de cada ejercicio.

6. ¿Qué elemento es importante incluir en una sala de clases colectivas?

_____
_____
_____
_____

7. ¿Qué consideración hay que tener en cuenta para el personal de un spa o tratamientos similares?

_____
_____
_____
_____

8. Complete la siguiente tabla con las distintas tipologías de zonas:

	Tipo
Recepción	
Sala de pilates	
Zona de masajes	
Oficinas	
Zona de nutrición	

9. Complete los espacios con palabras:

La transición del cliente entre distintas _____ debe estar medida evitando _____ de _____ y guiando al usuario a su nuevo _____. En situaciones _____ de espera, es conveniente _____ un espacio.

10. Relacione los distintos aspectos de un presupuesto con su correspondiente concepto:

    a. Ingresos
    b. Gatos

    __ Amortización
    __ Matrícula
    __ Seguridad social
    __ Inversión inicial

11. De las siguientes frases, indique cuál es verdadera o falsa.

    a. El almacén es una zona de confluencia diversa y multitudinaria, por lo que hay que tener especial cuidado para evitar su desorden.

        ☐ Verdadero
        ☐ Falso

b. La constante innovación sobre los materiales en el ámbito del *fitness*
presenta una ventaja desde el punto de vista económico.

☐ Verdadero
☐ Falso

12. ¿Qué es la agenda de trabajo?

_____
_____
_____
_____

13. Indique qué tipo de formación se puede ofertar a los empleados.

_____
_____
_____
_____

14. Enumere los distintos aspectos a tener en cuenta en un plan de riesgo.

_____
_____
_____
_____

15. Referido a la limpieza, a qué fase corresponde: *"Definición de las necesidades de
limpieza y desinfección por los distintos espacios, equipamientos y materiales".*

_____
_____
_____
_____

Bibliografía

Monografías

❚ CONSEJO SUPERIOR DE DEPORTES: *De la planificación a la gestión de instalaciones deportivas: un camino hacia la sostenibilidad*, CONSEJO SUPERIOR DE DEPORTES. Madrid 2011.

❚ CONSEJO SUPERIOR DE DEPORTES: *Legislación y documentos técnicos de referencia en instalaciones deportivas*, CONSEJO SUPERIOR DE DEPORTES. Madrid 2010.

❚ CONSEJO SUPERIOR DE DEPORTES: *Seguridad en instalaciones deportivas*, CONSEJO SUPERIOR DE DEPORTES. Madrid 2010.

❚ DIPUTACIÓN DE GRANADA: *Plan de negocio: Gimnasio*, GRANADA EMPRESAS, 300 planes de negocio. Granada 2005.

❚ DIPUTACIÓN DE GRANADA: *Plan de negocio: Centro deportivo con Spa*, GRANADA EMPRESAS, 300 planes de negocio. Granada 2006.

❚ DIPUTACIÓN DE GRANADA: *Plan de negocio: Centro deportivo para mujeres*, GRANADA EMPRESAS, 300 planes de negocio. Granada 2008.

❚ FEDERACIÓN ESPAÑOLA DE MUNICIPIOS Y PROVINCIAS: *Buenas prácticas en instalaciones deportivas*, CONSEJO SUPERIOR DE DEPORTES. Madrid 2009.